DE

BENDICIÓN O MALDICIÓN

¡USTED PUEDE ESCOGER!

Unilit
Sepa

Publicado por
Unilit
Medley, FL 33166

Primera edición 1995
Primera edición 2015 (Serie Favoritos)

Traducción: *Alicia Valdés Dapena*
Diseño de la cubierta: *Ximena Urra*
Ilustraciones: © 2015 Fenton. Usada con permiso de Shutterstock.

Ciertos detalles de casos de estudio mencionados en este libro han sido cambiados para proteger la privacidad de las personas involucradas.

Producto 497025
ISBN 0-7899-2272-X
ISBN 978-0-7899-2272-4

Impreso en Colombia
Printed in Colombia

Categoría: *Vida cristiana /Crecimiento espiritual /Guerra espiritual*
Category: Christian Living /Spiritual Growth /Spiritual Warfare

A los cielos y a la tierra llamo por testigos hoy contra vosotros, que os he puesto delante la vida y la muerte, la bendición y la maldición; escoge, pues, la vida para que vivas tú y tu descendencia.

Deuteronomio 30:19

Contenido

Prólogo 7

Sección 1: Bendiciones y maldiciones

Introducción 11

1. Luchando contra sombras 13
2. Barreras invisibles 19
3. Cómo operan las bendiciones y las maldiciones 29
4. La lista de Moisés de bendiciones y maldiciones 37
5. Siete indicaciones de una maldición 45

Sección 2: No hay maldición sin una causa

Introducción 61

6. Falsos dioses 63
7. Varios pecados morales y éticos 79
8. Antisemitismo 85
9. El legalismo, la carnalidad y la apostasía 93

10. El hurto, el perjurio y robar a Dios 105
11. Las figuras de autoridad 111
12. Maldiciones autoimpuestas 129
13. Los servidores de Satanás 143
14. La conversación engendrada en el alma 155
15. Las oraciones engendradas en el alma 165
16. Resumen de la Sección 2 177

Sección 3: De la maldición a la bendición

Introducción 181
17. El intercambio divino 183
18. Siete pasos para liberarse 199
19. De las sombras a la luz del sol 213
20. Los hombres esforzados lo arrebatan 225
21. Más allá de la confesión: La proclamación, la acción de gracias y la alabanza 235
22. Proclamas para victorias constantes 245

Recapitulaciones importantes

Introducción 259
23. Las maldiciones no revocadas todavía 261
24. ¿Bendecir o maldecir? 269
Biografía del autor 280

Prólogo

En 1978, poco antes de casarnos, Derek y yo estábamos acostados en la playa en Fort Lauderdale, Florida, cuando le dije: "¿Pudieras orar por mis piernas? ¡Me duelen *tanto*. Inmediatamente él se arrodilló, colocó sus manos en mis pantorrillas... y empezó a hablarles:

> "Gracias, piernas. Quiero que sepan que las quiero. Ustedes han llevado a Ruth con seguridad dondequiera que ha necesitado ir; y ahora la han traído hasta mí. ¡Se lo agradezco, piernas!"

Pensé que para un serio maestro bíblico, esta era una forma extraordinaria de orar por su prometida. Pero el dolor se calmó.

Más tarde Derek me contó que él creyó que había estado "desdiciendo" algo que yo pude haber dicho de mis piernas.

Recordé entonces una escena en el dormitorio de las muchachas en mi liceo, cuando yo tenía quince o dieciséis años. Otra chica había entrado y empezó a peinarse el cabello. Yo miré sus esbeltas piernas y después mis pantorrillas y tobillos gordos, y dije: "*¡Odio* mis piernas!" En efecto, ¡yo misma había puesto una maldición sobre mis propias piernas!

Juntos, Derek y yo, rompimos la maldición que yo había pronunciado sobre mis piernas más de treinta años antes. Creí entonces que ese sería el fin de la historia.

Nueve años después fui conducida a toda prisa en ambulancia al hospital en Jerusalén con trombosis (coágulos sanguíneos) en ambas piernas. Una embolia pulmonar (un coágulo sanguíneo que se había movido hasta los pulmones) casi llegó a costarme la vida. Parecía que aún había una maldición sobre mis piernas... y quizás sobre mi propia persona.

Desde entonces, hace ahora casi tres años, he luchado por mi salud... y mi vida. Fue dolorosamente obvio para nosotros dos que había fuerzas sobrenaturales que obraban sobre mi cuerpo físico. Mientras trabajábamos en este libro, comprendimos que todas las señales de maldición — referidas en el capítulo 5— se aplicaban a mí o a mi familia o a ambas. El liberarme de la maldición autoimpuesta fue únicamente el *principio* del proceso. El Espíritu Santo revelaba maldiciones ancestrales, maldiciones derivadas de la participación en el ocultismo, maldiciones resultado de pecados específicos y mucho más.

El renunciar a cualquiera y a todas las maldiciones ha sido un proceso prolongado, pero el Espíritu Santo ha sido maravillosamente paciente y minucioso. Con frecuencia nos ha dado dirección sobrenatural mediante palabras de ciencia y palabras de sabiduría. Hemos percibido el respaldo de la oración de miles de cristianos alrededor del mundo. Nuestro modo de pensar acerca del poder de la Escritura —y acerca de nosotros mismos— ha cambiado notablemente.

Muchas veces he preguntado a Dios: "¿Por qué le diste a Derek Prince una esposa con tantos problemas físicos, y tantísimas maldiciones sobre su vida?" (Quienes han leído

"Dios es el Casamentero" recordarán que Dios me escogió específicamente a mí para ser la esposa de Derek.) No he recibido una respuesta directa a esa pregunta, pero estoy sumamente agradecida porque Dios me escogió a mí *tal como estaba,* para que él pudiera recibir la gloria mientras me sigue liberando y sanando.

Además, Derek y yo podemos afirmar que ¡hemos probado las verdades contenidas en este libro en nuestra experiencia personal! Todavía no gozo de salud perfecta, pero sé que en realidad la bendición prometida a Abraham es *mía.* Como sucedió con Abraham, para mí ha sido una peregrinación.

Nuestra oración es que *"Bendición o maldición: ¡Usted puede escoger"* lo libere —y a otros a quienes usted trata de ayudar— a entrar en la libertad completa ¡que es su herencia en Jesucristo!

Ruth Prince

SECCION 1
Bendiciones y maldiciones

Introducción

Pudiera ser usted y su familia. O la familia de al lado. O la persona que trabaja con usted. Quienquiera que sea, su vida es una historia de decepciones, frustraciones e incluso tragedias. De algún modo, la historia nunca termina.

A la inversa, todos conocemos familias con antecedentes y posición social similares... y sin embargo, pareciera como si a ellos nunca los alcanzaran los problemas. Son casi "demasiado buenos para ser verdad".

En ambos casos, hay fuerzas invisibles obrando para determinar el destino de cada persona, lo mismo para bien que para mal. La Biblia identifica éstas respectivamente como *bendiciones* y *maldiciones*. Además, nos muestra cómo podemos relacionarnos con estas fuerzas de tal manera que podamos disfrutar de los efectos benéficos de las primeras y protegernos de los efectos dañinos de las segundas.

Una comprensión bíblica, tanto de las bendiciones como de las maldiciones, y de cómo operan, dará a usted una perspectiva totalmente nueva de su propia vida, y una respuesta a los problemas que hasta ahora lo han dejado perplejo y frustrado.

1

Luchando contra sombras

Para el observador superficial, la vida humana presenta una confusa mezcla de luz y sombra, distribuida de modo que no tiene un patrón reconocible, y gobernada por leyes indescifrables. A través de esta escena dos hombres pueden empezar a andar uno al lado del otro. Con similares antecedentes y capacidades, encaminados en la misma dirección. No obstante, uno avanza casi siempre en la luz del éxito y el logro. En tanto que el otro, muy cerca de él, escasamente ve la luz. Continuamente lo cubren las sombras del fracaso y la frustración, y su vida se apaga a muy temprana edad.

Ninguno de estos hombres comprende las fuerzas que obran en su vida. Las fuentes de luz y sombra están ocultas para ambos. Probablemente ni siquiera hayan considerado la posibilidad de que tanto la luz como la sombra podrían tener su origen en generaciones anteriores.

La Biblia habla muy claro acerca de estas fuerzas. En realidad, tiene mucho que decir de ellas. Las llama, respectivamente, *bendiciones* y *maldiciones.*

Observemos de cerca, por un momento, al hombre bajo las sombras. Todo lo hace correctamente: cambia de empleo o de lugar de residencia; adquiere capacidades profesionales adicionales; estudia toda la más reciente literatura sobre el pensamiento positivo. Quizás incluso toma un curso de cómo liberar algún "potencial" misterioso dentro de sí mismo.

Sin embargo, el éxito lo esquiva. Sus hijos son rebeldes, su matrimonio es una rutina de tensiones, accidentes y enfermedades. Sus más preciados objetivos se le escurren como agua por entre los dedos de un hombre que se ahoga. Lo "persigue" una sensación de fracaso inevitable, que quizás sea capaz de posponer, pero nunca vencer.

Toda su vida tiene la sensación de forcejear contra algo que no puede identificar; algo amorfo y esquivo. Hay momentos en que siente que está luchando contra una sombra. No importa cuánto se esfuerce en la batalla, no puede precisar la causa de su problema o sujetarlo. A menudo siente deseos de darse por vencido.

"¿De qué sirve?", exclama. "¡Nada me sale bien! Mi padre tenía el mismo problema. ¡El también fue un fracasado!"

Quien esté bajo las sombras podría muy bien ser una mujer, por supuesto. Se casó joven y empezó con toda clase de planes para un matrimonio dichoso y un hogar feliz. Sin embargo, se encuentra en un sube y baja invisible: un día "arriba" y al otro "abajo". Físicamente va de un problema a otro, siempre al borde de la salud, sin llegar a alcanzarla nunca. Sus hijos se hacen adictos a las drogas y entonces su esposo la abandona. Un día despierta con la espantosa realización de que se ha convertido en una alcohólica...

Como el hombre bajo las sombras, esta mujer también hizo las cosas todo lo mejor que pudo. Estudió libros sobre nutrición y psicología infantil. En su persecución del éxito, se espoleó ella misma yendo de un esfuerzo a otro; exigiendo cada uno toda la fuerza que podía reunir. No obstante, miraba a otras mujeres, con motivos o calificaciones menores, conseguir objetivos que ella misma jamás lograría.

Cuando mira de cerca a la persona bajo las sombras, quizás pueda ver algo que le recuerde a usted mismo. Siente que está mirando su propia vida... aunque de alguna forma desde fuera de usted mismo. Con un estremecimiento empieza a preguntarse si la causa de sus problemas pudiera ser la misma: *una maldición que se remonta a generaciones pasadas.*

O quizás, no se vea a usted mismo, sino a alguien cercano: un cónyuge, o un miembro de la familia o un amigo querido. A menudo usted ha sufrido por esta persona y anhelado que le alumbre un rayo de esperanza, pero siempre en vano. Ahora está frente a la posible explicación de las sombras, una idea nueva para usted. ¿Pudiera ser realmente una maldición la raíz del problema?

Su mente retrocede a sucesos y situaciones en su vida o en su familia que jamás parecieron tener sentido. Trató muchas veces de desecharlos de su mente, pero nunca lo consiguió por completo. Comprende que necesita sabes más. *Supongamos que yo soy quien está bajo una maldición,* pudiera decirse usted mismo. *¿Qué puedo hacer? ¿Cuál será su origen?*

Una maldición se puede comparar con un largo y maligno brazo que se extiende desde el pasado. Se recarga sobre usted con una tenebrosa y opresiva fuerza que inhibe la total expresión de su personalidad. Nunca se siente completamente libre de ser usted mismo. Siente que dentro de usted hay potencialidades que jamás llega a desarrollar por completo. Siempre espera de usted más de lo que logra conseguir.

O puede ser que ese largo brazo maligno tenga el efecto de hacerlo tropezar mientras camina. El camino adelante parece despejado, pero de vez en cuando tropieza, sin ver con qué tropezó. Por alguna misteriosa razón, los momentos en que tropieza son aquellos en que estaba a punto de alcanzar una meta largo tiempo acariciada. Mas la meta se le escapa.

En realidad, la palabra "misteriosa" pudiera compararse con una luz roja, señal de peligro. Se enfrenta a sucesos o situaciones para los que usted no encuentra razones lógicas o naturales. Pareciera que hay alguna fuerza obrando que no está completamente sujeta a las leyes naturales o de las probabilidades.

Hay una palabra que resume los efectos de una maldición: *frustración.* Usted alcanza un cierto nivel de logros en su vida y todo parece listo para un brillante futuro. Se ve que tiene todas las aptitudes ; y sin embargo, ¡algo sale mal! Así que empieza de nuevo, y alcanza el mismo nivel que antes, pero una vez más algo sale mal. Después que sucede muchas veces, se da cuenta de que es un patrón en su vida. No obstante, no alcanza a ver ninguna razón evidente para eso.

Muchas personas me han contado la historia de una vida que tiene un patrón similar. Los detalles particulares pueden cambiar, pero el patrón está ahí. A menudo esas personas dicen algo como: "Lo mismo pasaba siempre con mi padre. Siento como si estuviera reviviendo su frustración" o "Me parece estar oyendo a mi abuelo decir lo mismo una y otra vez: 'Nada me sale bien'."

Este patrón pudiera repetirse en varias dimensiones en la vida de las personas: negocios, carrera, salud o finanzas. Casi siempre tiene algún efecto negativo sobre las relaciones personales: sobre todo en el matrimonio y la familia. Con frecuencia también afecta no sólo a un individuo aislado, sino a un grupo social más amplio. Muchas veces éste pudiera ser una familia, pero se puede extender a un círculo más amplio, como una comunidad o una nación.

No obstante, pudiera ser engañoso sugerir que una maldición cause siempre el fracaso de una persona. Es posible que un individuo alcance lo que parece ser un éxito real y sin embargo verse plagado de frustraciones, sin disfrutar de los frutos del éxito.

En un viaje misionero al sureste del Asia, conocí a una inteligente y bien educada jueza, descendiente de la realeza. Conocía a Jesús como su Salvador personal y no estaba consciente de algún pecado inconfeso en su vida. Sin embargo, me confesó que no estaba verdaderamente satisfecha. Su alta posición social y el éxito de su carrera no le habían proporcionado plenitud personal.

Mientras hablaba con ella, descubrí que descendía de muchas generaciones de idólatras. Le expliqué que de acuerdo con Exodo 20:3-5, Dios había pronunciado una maldición sobre los idólatras hasta la tercera y la cuarta generación. Entonces le mostré cómo recibir liberación de esta maldición por medio de Jesús su Salvador.

Algunas veces las maldiciones pueden no tener su origen en generaciones anteriores. Pueden ser el resultado de obras o sucesos a lo largo de nuestra propia vida. Pudiera ser que una maldición de generaciones previas se haya agravado con sus mismas acciones. Sin embargo, cualquiera que sea el origen de su problema, una cosa es cierta: usted está luchando con algo que no puede identificar ni comprender.

Como esa jueza, usted también puede haber probado el éxito. Ha saboreado su deleite... ¡pero nunca perdura! De repente, sin ninguna razón que pueda explicar, se siente insatisfecho. La depresión lo rodea como una nube. Todos sus logros parecen insignificantes.

Mira a otros que parecen satisfechos en circunstancias similares, y se pregunta: "¿Qué me sucede? ¿Por qué nunca me siento plenamente realizado?"

Tal vez en este momento su reacción sea algo como esto: "Algunas de estas descripciones realmente me corresponden. ¿Querrá decir esto que no hay esperanza para mí? ¿Tendré que seguir así por el resto de mi vida?"

¡No! ¡Hay esperanza para usted! No se desaliente. Conforme siga leyendo, descubrirá que Dios ha proporcionado un remedio, y recibirá instrucciones simples y prácticas de cómo aplicar el remedio en su propia vida.

Mientras tanto, encontrará aliento en las cartas que recibí de dos personas que escucharon mi programa de enseñanza bíblica sobre el tema "De la Maldición a la Bendición" y que transcribo a continuación. La primera es de un hombre y la segunda de una mujer.

Escuché sus mensajes sobre la maldición y descubrí que yo había estado bajo una durante años sin saberlo. Jamás logré tener éxito en mi vida, y sufrí constantemente con sentimientos homosexuales, aunque nunca los alenté para llevarlos a la acción. He sido cristiano durante diez años, pero por causa de esa maldición nunca había podido acercarme a Dios como deseaba. Me deprimía muchísimo.

Desde que fui rescatado de esta maldición me he sentido libre en Cristo y con vida en él. ¡Jamás me había sentido tan cerca de Dios!

* * *

Gracias por su reciente trasmisión sobre las maldiciones y su folleto "De la Maldición a la Bendición". Mi vida ha cambiado enormemente gracias a ellos. La mayor parte de mi vida me atormentó una depresión recurrente, y he estado bajo tratamiento psiquiátrico por un total de cinco años.

Esta primavera una señora oró conmigo y por mí, y renuncié a toda participación en el ocultismo, tal como las cartas del tarot y las hojas de té. ¡Alabado sea el Señor! ese fue el principio de mi verdadera liberación.

Entonces escuché sus transmisiones sobre el tema de estar bajo una maldición sin realmente saberlo y pronuncié junto con usted la oración de liberación de las maldiciones. ¡Ahora estoy libre!

Es como si se hubiera roto una represa permitiendo a Dios que se mueva en mi espíritu. El bloqueo ha desaparecido y he crecido tanto espiritualmente en una pocas semanas que no puedo hacer otra cosa que alabarlo por su bendición. Algunas veces lloro pensando en todo lo que él ha hecho y está haciendo por mí, y es un alivio muy grande poder relajarme.

Verdaderamente, ¡adoramos a un Dios maravilloso!

2

Barreras invisibles

En años anteriores pasé mucho tiempo aconsejando a personas como las descritas en el capítulo anterior. Pero con frecuencia era una tarea frustrante. Algunos progresaban espiritualmente hasta un punto, y entonces parecían tropezar con una barrera invisible. No era por falta de sinceridad o dedicación. En realidad, con frecuencia parecían más sinceros y dedicados que otros que progresaban más. Aceptaban los consejos que les daba y trataban de ponerlos en práctica, pero los resultados eran —por lo menos— decepcionantes, tanto para ellos como para mí.

Después de lidiar con uno de esos casos, me dediqué a orar: "Señor, ¿por qué no puedo ayudar más a esta persona? ¿Hay algo que no entienda, algo más que necesito saber?" Después de un tiempo, me percaté de que Dios estaba contestando mi oración. El empezó a descorrer un velo y a revelarme un mundo de fuerzas poderosas que no operaban de acuerdo con las leyes naturales. La revelación no llegó de golpe, sino paso a paso, en tanto yo descubría un hilo sencillo que corría a través de una sucesión de incidentes aparentemente desconectados.

Un incidente clave sucedió cuando estuve como orador invitado en una iglesia presbiteriana. Había llegado al final del mensaje que había preparado, y no sabía cómo seguir. Mientras permanecía tras el púlpito, noté una familia —padre, madre e hija adolescente— en la fila delantera a mi izquierda. Me vino un pensamiento: "Hay una maldición sobre esa familia". Esto no estaba relacionado con el tema de mi mensaje, o con cualquiera otra cosa que yo tuviera presente en aquel momento. No obstante, la idea no me dejaba: "Hay una maldición sobre esa familia".

Finalmente, después de algunos momentos de vacilación, salí detrás del púlpito y me dirigí al padre. Le expliqué lo que estaba sintiendo y le pregunté si quería que yo anulara la maldición y liberara de ella a la familia en el nombre de Jesús. Inmediatamente replicó que sí. Era la primera vez que yo hacía algo semejante y me sorprendió mucho que el hombre aceptara mi declaración en seguida. Sólo después comprendí por qué.

Regresé al púlpito y en voz alta pronuncié una breve oración rompiendo la maldición sobre la familia. No estaba tocando físicamente a ningún miembro de la familia mientras oraba, pero cuando concluí con las palabras *En el nombre de Jesús,* hubo una visible reacción física en toda la familia. Un momentáneo escalofrío pareció pasar por turnos a través de cada uno de ellos.

En ese momento, noté que la chica, que tendría alrededor de dieciocho años, tenía la pierna izquierda enyesada desde la cadera hasta la punta del pie. Me acerqué de nuevo al padre y le pregunté si deseaba que orara por la sanidad de la pierna de su hija. Otra vez me respondió positivamente, y añadió: "Pero debe saber que se ha roto la misma pierna tres veces en dieciocho meses, y los médicos dicen que no sanará".

Hoy, semejante declaración —que una persona se haya roto la misma pierna tres veces en dieciocho meses—activaría una alarma dentro de mí diciéndome que hay una maldición obrando. En aquel tiempo, sin embargo, no vi conexión alguna entre la maldición y semejante sucesión antinatural de accidentes. Me limité a tomar la pierna enyesada, sosteniéndola entre mis manos y pronuncié una simple oración de sanidad.

Pocas semanas más tarde recibí una carta del padre, agradeciéndome por lo que había sucedido: cuando llevaron otra vez a su hija a la clínica, una nueva placa mostró que su pierna había sanado, e inmediatamente le quitaron el yeso.

También mencionó brevemente una sucesión de extraños incidentes desagradables que habían afectado la vida de su familia, y eso explicaba su inmediata disposición para reconocer la necesidad de que toda la familia fuera liberada de la maldición.

En los meses subsiguientes, mi pensamiento regresaba a aquel incidente. Sentía que había algo significativo en el orden que el Espíritu Santo me había guiado. Primero, me había revelado la maldición sobre la familia y me había instado para que la anulara. Sólo después me había dado libertad para orar por la sanidad de la pierna de la hija. Si yo hubiera orado por la sanidad sin primero anular la maldición ¿ habría sanado la pierna?

Mientras más reflexionaba sobre la idea, más convencido estaba de que anular la maldición había sido un preludio esencial para la sanidad de la pierna de la chica. Era una barrera invisible que hubiera impedido la sanidad que Dios deseaba que ella recibiese.

Todo esto parecía coincidir de alguna forma con un incidente en mi propia vida. En 1904 mi abuelo materno había comandado una fuerza expedicionaria británica enviada a sofocar la Rebelión Bóxer en China. Había regresado con varios objetos de arte chino, que se convirtieron en reliquias familiares. En 1970, tras la muerte de mi madre, algunos de ellos pasaron como herencia a ser de mi propiedad.

Uno de los objetos más interesantes era un juego de cuatro dragones exquisitamente bordados, que fueron a ocupar un lugar de honor en las paredes de nuestro salón. La mezcla de los colores usados en ellos —principalmente púrpura y rojo— era típicamente oriental. Tenían cinco garras en cada pata, lo cual —me informó un experto— indicaba que eran dragones "imperiales". Y, debido a que había tenido una relación muy estrecha con mi abuelo, me traía recuerdos de mis primeros años en su casa.

Alrededor de aquella época, empecé a sentir una especie de oposición al éxito de mi ministerio que no podía definir ni identificar. Se manifestaba en varias formas de frustración, aparentemente sin relación entre sí, pero que producían una presión que se acumulaba contra mí. Encontraba barreras de comunicación que jamás se habían presentado con gente cercana a mí. Otros en quienes había confiado fallaban en su compromiso conmigo. Un legado sustancial de los bienes de mi madre se demoraba eternamente por la ineficiencia de un abogado.

Finalmente, dispuse pasar una temporada intensa de oración y ayuno. Muy pronto empecé a notar un cambio en mi actitud hacia los dragones. De vez en cuando, al mirarlos, venía a mi mente una pregunta: ¿Quién está representado como un dragón en la Biblia? No había dudas acerca de la respuesta: Satanás.[1]

Esta pregunta era seguida por otra: ¿Es apropiado que yo, como siervo de Cristo, exhiba en mi hogar objetos que tipifican al mayor enemigo de Cristo, Satanás? Una vez más la respuesta era clara: ¡No! Mi lucha interior continuó por un tiempo más, pero finalmente me deshice de los dragones. Lo hice como un simple acto de obediencia, sin ningún motivo ulterior.

En aquel período yo estaba sirviendo como maestro bíblico para la Iglesia en general, hablando en grupos de varias clases a través de los Estados Unidos. Mis ingresos, que provenían de los honorarios que recibía, eran apenas suficientes para cubrir las necesidades básicas de mi familia. Sin embargo, poco después que me deshice de los dragones, mi

1. Ver Apocalipsis 12:1-12.

posición económica experimentó una marcada mejoría. Sin ninguna planificación especial de mi parte, o ningún cambio en la naturaleza o alcance de mi ministerio, mis ingresos subieron a más del doble. También mi largamente demorado legado familiar me llegó finalmente.

Empecé a preguntarme si habría algún principio no descubierto que uniera esta mejoría inesperada de mi economía personal con la sanidad de la chica con la pierna fracturada. En el caso de la muchacha, una maldición sobre su familia había sido una barrera invisible para la sanidad. Cuando se quitó la barrera, se produjo la sanidad. En mi caso, también, quizás había alguna barrera invisible —no en la sanidad física, sino en la prosperidad económica—, que probaba ser un importante elemento en el plan de Dios para mi vida.

Cuanto más meditaba en esto, más convencido estaba de que aquellos dragones bordados habían traído una maldición a mi casa. Al deshacerme de ellos, me había librado de la maldición y me había abierto a la bendición que Dios había planeado para mí.

Estos cambios hicieron posible que comprara una casa, que había de desempeñar un papel decisivo en la subsecuente extensión de mi ministerio. Nueve años después, ¡vendí aquella casa por tres veces más de lo que había pagado por ella! Este dinero llegó exactamente en un momento cuando Dios me estaba desafiando a enfrentar nuevos y mayores compromisos económicos.

Esa experiencia con los dragones me dio una nueva revelación del pasaje en Deuteronomio 7:25-26 donde Moisés advierte a Israel contra cualquier asociación con las naciones idólatras de Canaán:

> *Las esculturas de sus dioses quemarás en el fuego; no codiciarás plata ni oro de ellas para tomarlo para ti, para que no tropieces en ello, pues es abominación a Jehová tu Dios; y no traerás cosa abominable a tu casa, para que no seas anatema; del todo la aborrecerás y la abominarás, porque es anatema.*

Mis dragones bordados no eran imágenes talladas, pero eran ciertamente imágenes de un falso dios que había sido adorado en China durante milenios. Al traerlos a mi casa, sin saberlo, me había expuesto —y a mi familia conmigo— a una maldición. ¡Cuánto agradecí al Espíritu Santo por haber abierto mis ojos a lo que estaba en juego!

Esto me llevó a hacer un estudio sistemático de las enseñanzas de la Biblia acerca de las bendiciones y las maldiciones. Me sorprendió cuánto tiene que decir la Biblia acerca de ellas. Las palabras "bendecir" o "bendición" aparecen alrededor de 410 veces —excluyendo las ocasiones en que la palabra en el texto original únicamente tiene el significado de "feliz" o "afortunado" (como, por ejemplo, en las Bienaventuranzas). La palabra "maldición", en varias formas, aparece alrededor de 230 veces. Esto me llevó a reflexionar en la poca enseñanza que había escuchado sobre este tema en todos mis años de experiencia cristiana. En realidad, no podía recordar haber oído siquiera un mensaje que tratara sistemáticamente con todo este tema.

Como resultado de mi estudio, empecé a enseñar acerca de las maldiciones en mi ministerio público. Cada vez que lo hacía, me sorprendía, tanto el gran impacto que esta enseñanza producía, como el número de personas que obviamente necesitaban escucharla. Cintas grabadas en algunas de estas reuniones circularon en otros grupos, y hasta mí llegaron sorprendentes informes. Con frecuencia parecía que el mensaje había transformado no sólo la vida de individuos, sino de congregaciones completas. Finalmente publiqué tres casetes titulados "Maldiciones: Causas y cura".

Inmediatamente después, en un viaje a Sudáfrica, conocí a una mujer judía que había aceptado a Jesús como su Mesías. Esta señora —a quien llamaré Miriam— nos describió personalmente, a mi esposa Ruth y a mí, el milagro que había experimentado a través de aquellas tres cintas.

Miriam había sido secretaria ejecutiva de un hombre de negocios, presidente de su propia compañía. Ella había descubierto que su empleador y todos los ejecutivos de la empresa formaban parte de un extraña secta dirigida por una mujer "gurú".

Un día el jefe de Miriam le entregó un casete y le dijo: "Aquí hay algunas bendiciones que nuestra "gurú" ha pronunciado sobre nosotros. Por favor, páselas a máquina". Cuando comenzó a mecanografiarlas, Miriam se dio cuenta de que las "bendiciones" eran en realidad augurios, con fuertes visos de ocultismo. Ella le explicó a su jefe que esas cosas eran contrarias a su fe en el Señor Jesucristo y la Biblia, y pidió que la excusara de hacerlo. Su jefe fue benévolo y se disculpó por haberle pedido que hiciera algo contra sus creencias.

Casi inmediatamente después de esto, Miriam empezó a sentir un dolor agudo en ambas manos. Los dedos se le engarfiaron y se le pusieron rígidos. Ya no era capaz de llevar a cabo sus tareas de secretaria. El dolor era tan intenso que no podía dormir en la misma cama con su esposo, porque cada vez que él se daba vuelta, el movimiento de la cama le causaba un dolor insoportable. El diagnóstico por rayos X reveló que padecía de artritis reumática.

Una amiga cristiana supo de su aflicción y le trajo mis cintas sobre "Maldiciones" para que las escuchara. Miriam era una señora muy culta y escéptica en cuanto a tales creencias como maldiciones, que ella asociaba con la Edad Media. Sin embargo, se había preguntado si habría alguna conexión entre su negativa de mecanografiar las "bendiciones" y el subsecuente problema en sus manos. ¿Podría ser que la "gurú" hubiese pronunciado una maldición sobre ella? Así que consintió en escucharlas, pues se sentía como el proverbial hombre que se ahoga y se "agarra de un clavo ardiente".

Cuando llegaron al momento en el tercer casete donde yo dirijo a la gente en una oración de liberación de cualquier maldición sobre sus vidas, la cinta se atascó. No iba ni para adelante ni para atrás, ¡ni tampoco se desalojaba!

"Es obvio, entonces que ¡no puedo hacer la oración!", exclamó Miriam.

Sin embargo, la amiga de Miriam había mecanografiado previamente la oración final de liberación, y tenía una copia con ella. Insistió en que Miriam la leyera en voz alta. Una vez más se impuso el escepticismo de Miriam. No podía ver cómo leer las palabras mecanografiadas en una hoja podía tener algún efecto sobre la condición de sus manos.

No obstante, por fin, Miriam cedió a la insistencia de su amiga y empezó a leer en voz alta. Mientras lo hacía, sus dedos se relajaron y quedaron libres. El dolor cesó, y, cuando terminó de leer la oración, estaba completamente curada. Toda la experiencia había durado pocos minutos.

Más tarde Miriam regresó a su médico, quien había tomado las primeras radiografías. Un segundo juego de placas reveló que no había rastro de artritis.

Una particularidad de este incidente es especialmente significativa. La oración de liberación que Miriam leyó *no hacía referencia a la sanidad física.* Sus manos quedaron sanadas únicamente como resultado de orar por la liberación de una maldición.

Esta era una dramática evidencia adicional de que una maldición puede ser una barrera para impedir que las personas sanen. Lo mismo había sucedido con la chica de la pierna fracturada. Por otra parte, en mi propio caso, una maldición insospechada me había impedido alcanzar el nivel de prosperidad que Dios había destinado para mí.

Si una maldición puede ser una barrera para recibir bendiciones como la sanidad o la prosperidad, ¿no será posible *o incluso probable— que muchas otras clases de bendiciones sean retenidas de la misma forma por la misma razón? Teniendo esto como base me dediqué a buscar las respuestas a tres preguntas relacionadas:*

> Primera, ¿cómo podemos reconocer que hay una maldición obrando en nuestra vida?

> Segunda, ¿qué tenemos que hacer para anular una maldición y librarnos de sus consecuencias?
>
> Tercera, ¿cómo podemos entrar en la bendición de Dios?

Los resultados de mi búsqueda se presentan en las siguientes páginas.

3

Cómo operan las bendiciones y las maldiciones

Las fuerzas que determinan la historia se sitúan dentro de dos categorías: las visibles y las invisibles. Es la interacción de estos dos planos lo que determina el curso de la historia. Mientras circunscribamos nuestra atención a las cosas visibles y materiales, enfrentaremos de tiempo en tiempo sucesos y situaciones que no podremos ni explicar ni controlar del todo.

Al plano visible pertenecen todos los objetos y sucesos normales del universo material. Estamos familiarizados con este plano y nos sentimos cómodos en él, aunque los sucesos a menudo no sigan el curso que desearíamos. Para mucha gente, los límites de su percepción no van más allá. Sin embargo, la Biblia abre una puerta hacia otro plano, el invisible, que no es material sino espiritual. Las fuerzas que actúan en este plano ejercen una continua y decisiva influencia sobre lo que ocurre en el plano visible.

En 2 Corintios 4:17-18 Pablo esboza estos planos:

> *Porque esta leve tribulación momentánea produce en nosotros un cada vez más excelente y eterno peso de gloria; no mirando nosotros las cosas que se ven, sino las que no se ven; pues las cosas que se ven son temporales, pero las que no se ven son eternas.*

Las cosas que pertenecen al plano visible son transitorias y temporales. Es sólo en el plano invisible que podemos encontrar la realidad verdadera y permanente. También es en este plano que podemos descubrir las fuerzas que en última instancia moldearán nuestro destino, incluso en el plano visible. Pablo dice claramente que el éxito en la vida depende de la capacidad de captar y relacionarse con eso que es invisible y espiritual.

Tanto las bendiciones como las maldiciones pertenecen al invisible plano espiritual. Son vehículos del sobrenatural poder espiritual. Las bendiciones producen resultados buenos y beneficiosos; las maldiciones producen resultados malos y dañinos. Ambas son temas de envergadura en las Escrituras. Como ya señalé, las dos palabras se mencionan en la Biblia más de 640 veces.

Dos importantes características les son comunes. Primera, sus efectos rara vez se limitan al individuo. Pueden extenderse a familias, tribus, comunidades o naciones enteras. Segunda, una vez que se les da rienda suelta, tienden a continuar de generación en generación hasta que algo suceda que cancele sus efectos. Una cantidad de bendiciones y de maldiciones mencionadas en la Biblia con relación a los patriarcas han continuado obrando durante casi cuatro mil años y todavía siguen actuando.

Esta segunda característica de las bendiciones y las maldiciones tiene importantes implicaciones prácticas. Pudiera ser que en nuestra vida haya fuerzas actuando que tienen su origen en generaciones anteriores. Consecuentemente, puede ser que nos estemos enfrentando con situaciones recurrentes o patrones de comportamiento que no pueden explicarse únicamente en términos de lo que ha sucedido en el transcurso de nuestra vida o experiencias personales. La causa básica puede remontarse mucho en el tiempo, incluso a miles de años.

El principal vehículo, tanto de las bendiciones como de las maldiciones, son las "palabras". Tales palabras pueden ser pronunciadas o escritas o meramente formadas interiormente. La Escritura dice mucho acerca del poder de las palabras. El libro de Proverbios, en particular, contiene muchas advertencias de cómo las palabras pueden ser usadas tanto para bien como para mal. Aquí hay algunos ejemplos:

El hipócrita con la boca daña a su prójimo; mas los justos son librados con la sabiduría.

Proverbios 11:9

Hay hombres cuyas palabras son como golpes de espada; mas la lengua de los sabios es medicina.

Proverbios 12:18

La lengua apacible es árbol de vida; mas la perversidad de ella es quebrantamiento de espíritu.

Proverbios 15:4

La muerte y la vida están en el poder de la lengua y el que la ama comerá de sus frutos.

Proverbios 18:21

El apóstol Santiago dice mucho también acerca del uso de las palabras. El señala que la lengua es un miembro pequeño del cuerpo, pero el más difícil de controlar:

Así también la lengua es un miembro pequeño, pero se jacta de grandes cosas. He aquí, ¡cuán grande bosque enciende un pequeño fuego! Y la lengua es un fuego, un mundo de maldad. La lengua está puesta entre nuestro miembros, y contamina todo el cuerpo, e inflama la rueda de la creación, y ella misma es inflamada por el infierno. Con ella bendecimos al Dios y Padre, y con ella maldecimos a los hombres, que están hechos a la semejanza de Dios. De una misma boca proceden bendición y maldición. Hermanos míos, esto no debe ser así.

Santiago 3:5-6, 9-10

Santiago usa imágenes muy vivas para resaltar el tremendo poder que tienen las palabras para afectar las situaciones y la vida de las personas, tanto para bien como para mal. Es significativo que él resalte que ambas, las bendiciones y las maldiciones, son palabras que pueden estar cargadas con esta clase de poder casi desmesurado.

Las palabras no son, sin embargo, el único canal a través del cual se pueda transmitir el poder espiritual de las bendiciones y las maldiciones. Hay varias maneras en que, a veces, los objetos físicos pueden convertirse en vehículos para esta clase de poder.

En Exodo 30:22-33 el Señor mandó a Moisés que elaborara un aceite especial para ungir, que debía usarse sola y exclusivamente para ungir el tabernáculo y su mobiliario, y también a los sacerdotes que hubieran de ministrar en él. En Levítico 8:1-2 leemos la manera de aplicar este aceite. En los versículos 10-12 el relato concluye:

Y tomó Moisés el aceite de la unción y ungió el tabernáculo y todas las cosas que estaban en él, y las santificó. Y roció de él sobre el altar siete veces, y ungió el altar y todos sus utensilios, y la fuente y su base, para santificarlos. Y derramó aceite de la unción sobre la cabeza de Aarón, y lo ungió para santificarlo.

La palabra "santificar" en este pasaje significa "apartar para Dios, hacer santo". Por consiguiente el aceite se convirtió en un vehículo para impartir la bendición de la santidad tanto al tabernáculo y su mobiliario, como a los sacerdotes que ministraban en él.

Más adelante, en la historia de Israel, se usó el aceite de oliva para impartir bendición apropiada a los reyes que regirían al pueblo por mandato de Dios. Primera de Samuel 16:13 relata cómo el profeta Samuel apartó a David como rey escogido por Dios:

> *Y Samuel tomó el cuerno del aceite, y lo ungió en medio de sus hermanos; y desde aquel día en adelante el Espíritu de Jehová vino sobre David.*

El aceite vertido sobre la cabeza de David por Samuel se convirtió en un vehículo a través del cual la bendición del Espíritu Santo fue liberada en su vida para capacitarlo en su tarea de rey.

En el Nuevo Testamento, los símbolos usados en la Cena del Señor se convierten también en vehículos de la bendición de Dios para quienes participan de ellos. En 1 Corintios 10:16 Pablo dice:

> *La copa de bendición que bendecimos, ¿no es la comunión de la sangre de Cristo? El pan que partimos, ¿no es la comunión del cuerpo de Cristo?*

Para quienes los comparten con fe bíblica, estos símbolos transmiten la bendición de Dios. Pablo habla específicamente de "la copa de bendición" —o sea, la copa que transmite las bendiciones del nuevo pacto a quienes beben de ella.

Debe destacarse, sin embargo, que en todas las ordenanzas que acabamos de describir no hay lugar para la "magia". Las bendiciones no son inherentes a los objetos físicos como tales. Son impartidas sólo a aquellos que perciben la voluntad de Dios tal como está revelada en las Escrituras, y quienes entonces por fe y obediencia personal reciben lo que se les ofrece por mediación de los objetos físicos. Sin fe y obediencia, no hay bendición.

Por el contrario, en 1 Corintios 11:29, Pablo dice concerniente a los símbolos de la Cena del Señor: *Porque el que come y bebe indignamente, sin discernir el cuerpo del Señor, juicio come y bebe para sí.* Esas es, por lo tanto, la alternativa. La fe y la obediencia reciben la bendición de Dios a través de los símbolos; la incredulidad y la desobediencia provocan el juicio de Dios. En ambos casos por igual, es a través de los objetos físicos usados en la Cena del Señor que se transmite el poder espiritual, tanto si es de bendición como si es para juicio.

Números 5:11-31 describe una ceremonia usada para determinar si la esposa de un hombre le había sido infiel o no. Requería las oraciones y sacrificios apropiados, pero la ceremonia se centraba en vaso de agua, en que el sacerdote mezclaba polvo del suelo del tabernáculo y tinta, que raspaba de una maldición escrita. Entonces la mujer debía beber el agua.

Si era culpable, los efectos de la maldición escrita se manifestarían en su cuerpo físico: *Su vientre se hinchará y caerá su muslo; y la mujer será maldición en medio de su pueblo.* Ese sería el castigo por su pecado. En este caso, el vaso de agua es el vehículo a través del cual se transmitía la maldición.

En cambio, si la mujer era inocente, no sufría ningún efecto dañino. De este modo, Dios vindicaba su virtud, y su esposo no podía hacerle ninguna otra acusación. Su inocencia la protegía de la maldición.

Las diferentes instancias que hemos dado establecen una importante verdad bíblica: en ciertas circunstancias, tanto las bendiciones como las maldiciones pueden ser transmitidas por medio de objetos físicos. Por otra parte, si volvemos nuestra atención de las prácticas bíblicas a todas las diferentes formas de religiones falsas y del ocultismo, no hay virtualmente límite para las formas que los objetos físicos pueden convertirse en vehículos de maldiciones.

En Exodo 20:4-5, en el segundo de los Diez Mandamientos, Dios prohíbe expresamente hacer cualquier clase de ídolos o imágenes con propósitos religiosos, y advierte que quienes quebranten este mandamiento traerán juicio no sólo sobre sí mismos sino sobre, por lo menos, tres generaciones de sus descendientes:

> *No te harás imagen, ni ninguna semejanza de lo que esté arriba en el cielo, ni abajo en la tierra, ni en las aguas debajo de la tierra. No te inclinarás a ellas, ni las honrarás, porque yo soy Jehová tu Dios, fuerte, celoso, que visito la maldad de los padres sobre los hijos hasta la tercera y cuarta generación de los que me aborrecen.*

Bajo esta prohibición cae una amplia gama de objetos. En mi propio caso, que ya describí, los dragones chinos me expusieron a la influencia invisible de una maldición. Claro, que yo no tenía intenciones de venerarlos, pero representaban algo que había sido objeto de veneración idolátrica durante muchos siglos. Abrieron un canal que introdujo en mi hogar el poder maligno de la adoración pagana que había sido practicada durante milenios.

Más tarde, cuando repasé los acontecimientos, noté un efecto particular que aquellos dragones tuvieron sobre mí. No se limitaron a ser una barrera que me impedía adelantar hacia la bendición de la prosperidad, sino que tampoco me dejaban ver que la bendición estaba allí. Unicamente después de quedar libre de su influencia pude discernir por fe lo que Dios tenía preparado para mí.

Desde entonces he observado el mismo efecto en la vida de muchas personas que están bajo una maldición. La maldición no sólo les impide recibir la bendición que Dios les está ofreciendo, sino que tampoco les permite comprender que la bendición está ante ellos lista para cubrirlos. Unicamente cuando el Espíritu Santo hace brillar la luz de la Escritura en nuestra vida, empezamos a comprender la manera en que el diablo nos ha estado engañando y defraudando.

4

La lista de Moisés de bendiciones y maldiciones

Algunas personas se contentan con aceptar las bendiciones como un hecho válido, pero se muestran escépticas en lo referente a las maldiciones, que asocian con prácticas supersticiosas del Medioevo. Semejante concepto es irreal. No podemos concentrarnos exclusivamente en uno solo de dos aspectos opuestos porque nos parezca aceptable, y sencillamente no hacer caso al otro porque lo consideremos inaceptable. Lo opuesto a caliente es frío; ambas sensaciones son reales. Lo opuesto a bondad es maldad; ambas inclinaciones son reales. De igual manera, las bendiciones son reales y asimismo las maldiciones.

En mi ministerio entro en contacto con cristianos de numerosos y diferentes antecedentes en muchos y distintos países. He hallado que la mayoría del pueblo de Dios no sabe discernir entre las bendiciones y las maldiciones. Innumerables son los cristianos que deberían estar disfrutando de bendiciones, cuando en realidad están soportando maldiciones. Existen dos razones principales para esto: Primera, sencillamente no saben lo que es una bendición y lo que es una maldición, ni cómo distinguir una de la otra. Segunda, si están bajo una maldición, no comprenden los fundamentos que los pueden liberar.

Dios es la única y suprema fuente de toda bendición, aun cuando éstas lleguen a nosotros por medio de diferentes canales. Con frecuencia, también las maldiciones proceden de Dios, pero él no es el único origen. Más adelante trataremos de los otros orígenes de las maldiciones.

Las maldiciones procedentes de Dios son uno de sus principales medios para traer juicio sobre los rebeldes, los incrédulos y los impíos. La historia de la humanidad presenta una larga y triste relación de los resultados de las maldiciones que Dios ha pronunciado sobre gente por el estilo.

A lo largo de los años, se ha puesto de moda sugerir que hay una dicotomía entre el Antiguo y el Nuevo Testamentos. De acuerdo con esta interpretación, el Antiguo Testamento describe a Dios como un Dios de ira y juicio; el Nuevo lo describe como un Dios de amor y misericordia. No obstante, la realidad es que los dos Testamentos son consecuentes uno con el otro. Cada uno describe a un Dios de misericordia y de juicio al mismo tiempo.

La historia de Jericó, relatada en Josué 6, combina estos dos aspectos de los tratos de Dios tan gráfica y dramáticamente como cualquier pasaje del Nuevo Testamento. Mientras la ciudad de Jericó pereció bajo un singular y general juicio de Dios, Rahab la ramera, y toda su familia, salieron ilesos. La crónica indica, además, que después Rahab llegó a ser la esposa de Salmón, uno de los príncipes de Judá, y tomó su lugar en la línea genealógica de donde nacería Jesús, ¡el Mesías de Israel! (Ver Mateo 1:5.)

En Romanos 1:17-18 Pablo explica que el evangelio contiene la revelación suprema de estos dos aspectos de Dios, su misericordia y su juicio:

Porque en el evangelio la justicia de Dios se revela por fe y para fe... Porque la ira de Dios se revela desde el cielo contra toda impiedad e injusticia de los hombres que detienen con injusticia la verdad.

.Por un lado, la misericordia de Dios ofrece su justicia, que él imparte a quienes reciben por fe el sacrificio vicario de Jesús. Y, al mismo tiempo, este sacrifico es también la revelación fundamental de la ira de Dios, derramada sobre Jesús cuando él se identifica con el pecado del hombre. Los cristianos que dudan la realidad del juicio de Dios sobre el pecado, deberían meditar de nuevo sobre el significado de la crucifixión. Ni siquiera Jesús pudo hacer que Dios aceptara el pecado, sino que tuvo que soportar el pleno golpe de su ira.

Además, en Romanos 11:22, Pablo vuelve a comparar estos dos aspectos en los tratos de Dios: *Mira, pues, la bondad y la severidad de Dios; la severidad ciertamente para con los que cayeron, pero la bondad para contigo, si permaneces en esa bondad; pues de otra manera tú también serás cortado.* Para tener un cuadro exacto de Dios, tenemos que mantener siempre presentes ambos aspectos de su carácter. Sus bendiciones proceden de su bondad, pero sus juicios proceden de su severidad. Ambos son igualmente reales.

En Proverbios 26:2 Salomón pone en claro que siempre hay una razón para cada maldición:

Como el gorrión en su vagar, y como la golondrina en su vuelo, así la maldición nunca vendrá sin causa.

Este principio tiene una doble aplicación. Por un lado, una maldición no puede entrar en efecto a menos que exista una causa para ella. Por otro lado, lo opuesto también es verdad. Donde quiera que esté una maldición de por medio, hay una causa para ello. En mi anhelo por ayudar a la gente a liberarse de las maldiciones, he aprendido por experiencia que a menudo sirve descubrir primero la causa.

Los 68 versículos de Deuteronomio 28 — dedicados exclusivamente al tema de las bendiciones y las maldiciones— revelan la causa primordial de cada una. En los versículos 1 y 2 Moisés trata primero con la causa de las bendiciones: *Si oyeres atentamente la voz de Jehová tu Dios, para guardar y poner por obra todos sus mandamientos... vendrán sobre ti todas estas bendiciones, y te alcanzarán, si oyeres la voz de Jehová tu Dios.*

Más literalmente, la primera parte se puede traducir: "Si escuchando escucharas la voz del Señor tu Dios..." La repetición del verbo "escuchar" le añade intensidad. Para decirlo simplemente: las condiciones para disfrutar de las bendiciones son: primera, escuchar la voz de Dios; segunda, hacer lo que él dice.

A través de todas las dispensaciones, éstos han sido los requisitos inmutables para vivir en una relación de pacto con Dios. En Exodo 19:5, cuando Dios se preparaba para entrar en su primer pacto con Israel en el Sinaí, dijo: *Ahora, pues, si diereis oído a mi voz, y guardareis mi pacto, vosotros seréis mi especial tesoro sobre todos los pueblos.* Los requisitos básicos eran escuchar la voz de Dios y obedecer las condiciones de su pacto.

Bajo el nuevo pacto, en Juan 10:27 Jesús describe en forma similar a quienes él reconoce como "sus ovejas" — es decir, sus verdadero discípulos: "Mis ovejas oyen mi voz, y yo las conozco, y me siguen." Los requisitos básicos siguen siendo los mismos: escuchar la voz de Dios y seguirlo obedientes.

Escuchar la voz del Señor nos lleva más allá de la mera profesión religiosa u observancia formal. Nada es más particular y distintiva que la voz de una persona. Escuchar la voz del Señor implica una íntima relación con él en la cual él pueda hablar a cada uno de nosotros "personalmente".

El Señor no habla de esta forma a nuestros oídos físicos ni a nuestra mente natural. Su comunicación es de Espíritu a espíritu; es decir, de su Espíritu a nuestro espíritu. Proyectada de esa forma, su voz penetra en las profundidades más íntimas de nuestro ser. Desde allí sus vibraciones se sienten en cada dimensión de la personalidad.

El Señor puede hablar de esta manera a través de la Biblia, o puede impartir una palabra de revelación directa. Sin embargo, sólo leer la Biblia no es suficiente de por sí, a menos que las palabras de sus páginas sean transformadas por el Espíritu Santo en una voz viva. Sólo una relación de esta clase con Dios nos prepara de verdad para las bendiciones que él ha prometido a los *que escuchan y obedecen su voz.*

Más adelante, en Deuteronomio 28:15, Moisés establece la causa primordial de todas las maldiciones:

> *Pero acontecerá, si no oyeres la voz de Jehová tu Dios, para procurar cumplir todos sus mandamientos y sus estatutos que yo te intimo hoy, que vendrán sobre ti todas estas maldiciones, y te alcanzarán.*

La causa de las maldiciones es exactamente opuesta a la de las bendiciones. Las bendiciones vienen de escuchar la voz de Dios y hacer lo que él dice. Las maldiciones vienen por "no" oír la voz de Dios y "no" hacer lo que él dice. Esta negativa de oír y obedecer la voz de Dios puede resumirse en una palabra: "rebelión" no contra un hombre, sino contra Dios.

En Deuteronomio 28 Moisés también da una lista completa de las varias formas que toman tanto las bendiciones como las maldiciones. Las bendiciones están relacionadas en los versículos del 3 al 13, las maldiciones en los versículos del 16 al 68. Cualquiera que desee comprender todo este tema deberá estudiar cuidadosamente este capítulo completo.

En mis propios estudios, he procurado hacer dos listas que resuman las bendiciones y las maldiciones en el orden de mención. La lista de bendiciones que sugiero es la siguiente:

Exaltación	Prosperidad
Salud	Victoria
Reproductividad	Favor de Dios

La palabra " Reproductividad" intenta describir una condición en que cada aspecto de la vida de una persona es fecundo y se reproduce. Esto incluiría la familia, el ganado, las cosechas, los negocios y el ejercicio del talento creativo. Todo esto reflejaría la bendición de Dios en formas apropiadas.

En su lista de maldiciones en los versículos 16 al 68, Moisés entra en mayor detalle de lo que son las bendiciones. En esencia, las maldiciones son lo opuesto de las bendiciones. Aquí sugiero mi resumen:

Humillación
Aridez, esterilidad
Enfermedad física y mental
Desintegración de la familia
Pobreza
Derrota
Opresión
Fracaso
Desfavor de Dios

Antes, en el versículo 13, Moisés concluye su lista de bendiciones con dos imágenes gráficas. Todos haríamos bien en considerar la manera de aplicar esas descripciones en nuestra propia vida.

Primero Moisés dice: *Te pondrá Jehová por cabeza y no por cola...¡* Una vez pedí al Señor que me mostrara cómo aplicar eso en mi vida. Sentí que me daba esta respuesta: "La cabeza toma las decisiones y la cola sólo sirve para que la arrastren.

De mí dependía decidir qué papel estaba desempeñando. ¿Estaba actuando como cabeza, controlando cada situación, tomando las decisiones apropiadas y viendo que se realizaran con éxito? ¿O estaba desempeñando el papel de cola, arrastrada por fuerzas y circunstancias que no comprendía y no podía dominar?

Para darse a entender mejor, Moisés usa una segunda frase: *Estarás encima solamente, y no estarás debajo.* Podemos ilustrar esto con un encuentro entre dos cristianos que se conocen.

—¿Cómo te va? —pregunta el primero.

—No tan mal, bajo las circunstancias —responde el segundo.

—Me alegro —contesta el primero—. Pero, ¿qué haces bajo las circunstancias?"

Estas ilustraciones de Moisés nos enfrentan con una oportunidad para autoevaluarnos. ¿Estoy viviendo como cabeza o como cola? ¿Estoy viviendo sometido a las circunstancias o por encima de ellas? Las respuestas que demos nos ayudarán a ver de cuántas bendiciones de Dios estamos disfrutando.

5

Siete indicaciones de una maldición

La observación y la experiencia personal, me han servido para compilar una lista de siete problemas que indican la presencia de una maldición.

Cuando comparé mi lista con la de Moisés en Deuteronomio 28, me impresionó la íntima correspondencia entre ambas:

1. Colapso mental o emocional, o ambos.
2. Enfermedad repetida o crónica (especialmente si es hereditaria).
3. Esterilidad, tendencia al aborto o problemas femeninos relacionados.
4. Desintegración del matrimonio y distanciamiento familiar.
5. Continua insuficiencia económica.
6. "Propensidad a los accidentes".
7. Una historia de suicidios y muertes prematuras o antinaturales.

La presencia de uno solo o dos de estos problemas no sería necesariamente suficiente, de por sí, para establecer conclusivamente la presencia de una maldición. Pero cuando varios de estos problemas se presentan, o cuando cualquiera de ellos tiende a repetirse, la probabilidad que sea una maldición aumenta proporcionalmente. En último recurso, sin embargo, es el Espíritu Santo quien puede proporcionar un "diagnóstico" acertado.

1. Colapso mental o emocional o ambos

Las frases correspondientes en Deuteronomio 28 son: *locura, herido con locura* (28, 34);[1] *turbación de espíritu¡* o *turbación de corazón* (20, 28); *corazón temeroso* o *tristeza de alma* (65); *desfallecimiento de ojos* o *desesperación de alma* (65).

Los objetivos afectados se describen como el corazón, el alma o la mente. En otras palabras, el alcázar interior de la personalidad humana ha sido invadido por fuerzas hostiles. Tales personas no tienen ya pleno control de sus pensamientos, emociones y reacciones. Quizás los "persiga" un espectro interior que continuamente los acosa: "Estás perdiendo el control... No hay esperanza para ti... Tu madre terminó sus días en un manicomio, ¡y sigues tú!"

He descubierto con asombro que muchos cristianos están pasando por todas esas luchas internas. Con frecuencia se muestran renuentes en reconocer su problema ante otros —o incluso ante ellos mismos— por miedo de que eso sea una negación de su fe.

Las dos palabras claves son "confusión" y "depresión". Estas casi siempre tienen sus raíces en alguna forma de participación en el ocultismo. Con frecuencia hay actividad

1. Los números entre paréntesis indican los versículos en Deuteronomio 28 que hablan de condiciones similares.

demoníaca. En la mayoría de los casos, sin embargo, es necesario lidiar con la participación en lo oculto y revocar la consiguiente maldición antes de poder echar fuera los demonios.

2. Enfermedad repetida o crónica (especialmente hereditaria)

Las frases correspondientes en Deuteronomio 28 son numerosas: *mortandad* o *que la peste se te pegue* (21); *tisis* o tuberculosis (22); fiebre (22); *inflamación* (22); *úlceras y pústulas incurables* (27, 35); *tumores* (27); *sarna* o *incurable comezón* (27); *ceguera* (28); *plagas grandes y permanentes o enfermedades perniciosas y duraderas* (59); *enfermedades malignas y duraderas* (59); *toda enfermedad y toda plaga* (61).

Esta lista no indica necesariamente que toda forma de enfermedad o dolencia sea el resultado directo de una maldición. Ocurren, sin embargo, ciertas palabras claves: "plaga, incurable, grande, maligna, permanente, duradera," que sirven como señal de alerta. Ellas crean lo que pudiera llamarse "la atmósfera de una maldición". Sugieren malignidad y fuerzas malévolas obrando.

Hay otro término médico que no se usa explícitamente en Deuteronomio 28, pero que tiene connotaciones similares. Es *maligno* o *malignidad.* La primera definición de *maligno* en el "Diccionario Enciclopédico Salvat" es "propenso a pensar o a hacer mal". Obviamente esto describe a una persona, más que una condición física. Incluso más que las palabras en el párrafo anterior, sugiere la obra de una inteligencia diabólica malevolente. Nuestro uso de este término indica un reconocimiento inconsciente de que estamos tratando con factores que no son puramente físicos.

Otro término muy significativo usado con referencia a ciertos tipos de enfermedad es *hereditario.* Describe una condición que pasa de una generación a otra. Esta es una de las señales más comunes y más típicas para diagnosticar que hay una maldición actuando. Por esta razón, cuando me piden que ore por alguien que ha tenido un problema físico hereditario, siempre me abro a la posibilidad de estar enfrentando los efectos de una maldición.

Cuando un pastor, amigo mío, tenía alrededor de sesenta años, desarrolló un desorden diagnosticado como hemocromatosis, una enfermedad que hace a los pacientes producir demasiado hierro en la sangre, almacenándolo especialmente en los órganos vitales, como el hígado y el corazón. Su padre había muerto de la misma enfermedad a la edad de 67 años. El médico declaró que era hereditaria, incurable y mortal. Cada semana tenía que someterse a una flebotomía (método anticuado de la sangría).

Después de mucha oración, especialmente de uno de los grupos de oración, mi amigo se paró ante su congregación en un servicio matutino dominical e hizo una simple y desapasionada afirmación: "En el nombre de Jesús, me libero de cualquier herencia diabólica de mi padre".

Y quedó inmediata y completamente curado. Han pasado cinco años desde entonces. No se ha sometido a otro tratamiento y no se ha vuelto a presentar el problema.

Deliberadamente me he cuidado de sugerir en los comentarios anteriores que alguna enfermedad específica sea siempre, o necesariamente, atribuible a una maldición. Sería muy probable que muchas de las enfermedades mencionadas, pudieran atribuirse a una maldición, pero sin evidencia adicional, sería erróneo afirmar que ese sea necesariamente el caso. Hay un solo "experto" cuyo diagnóstico es final, y éste es el Espíritu Santo. Necesitamos tener presente siempre que dependemos de él.

3. Esterilidad, tendencia de abortar o problemas femeninos relacionados

La frase clave aquí está en Deuteronomio 28: *Maldito el fruto de tu vientre* o de tu matriz (18). Esta maldición puede afectar a cualquiera de los diferentes órganos o funciones implicados en la procreación. Ruth y yo hemos ministrado a cientos de mujeres cuyas incapacidades entraban bajo la clasificación de "problemas femeninos". Estos incluían: incapacidad para concebir; tendencia de abortar; menstruación irregular; falta de ésta; debilitantes dolores menstruales; frigidez; quistes, tumores u otras excrecencias o defectos estructurales que afectan cualquiera de los distintos órganos relacionados con el proceso reproductivo. Muy a menudo esta clase de maldición afecta a familias completas, con el resultado de que todas, o casi todas las mujeres en una familia pueden padecer de problemas de esta clase.

Ruth y yo tenemos por principio no ministrar a tales personas sin primero informarles acerca de la naturaleza y las causas de las maldiciones y entonces orar con ellas para liberarlas. En muchos casos esto ha producido la sanidad y la restauración de las partes o las funciones afectadas. Algunas veces es suficiente sólo revocar una maldición, sin ninguna oración específica de sanidad.

La siguiente carta ilustra los resultados que pueden obtenerse cuando se anula una maldición de esterilidad:

> Mi esposo y yo habíamos estado casados durante doce años y no habíamos podido tener hijos. Los exámenes médicos revelaban que físicamente no había nada malo en nosotros.
>
> El 7 de julio de 1985 asistimos a una reunión en Amsterdam en que usted habló. Enseñó acerca de la sanidad, y también de las razones por que no se curaban las personas. Cuando comenzó a hablar de maldiciones sobre familias, el Señor me dijo en mi corazón que ese era el problema de mi familia. Mientras usted dirigía a cada uno a orar por la liberación de toda maldición sobre su vida, sentí una sensación definitiva de ser liberada de una atadura.
>
> Cuando llegué a la plataforma, usted me pidió que trajera a mi esposo para orar por él también. Entonces mientras oraba por nosotros, usted declaró que la

maldición que había sobre mi vida había sido rota, y cuando Ruth puso sus manos sobre mi vientre, dijo que yo no sería "estéril ". Usted pidió a toda la congregación que orara de pie por nosotros. Después de aquella reunión, tanto mi esposo como yo sentimos la convicción de que el Señor había escuchado nuestras oraciones.

Cerca de dos años y medio después, durante otra reunión pública en Inglaterra, esta pareja se acercó a mostrarnos el precioso niño con que se había manifestado la bendición que había reemplazado la maldición de esterilidad sobre su vida.

En otra carta, fechada el 22 de diciembre de 1987, una mujer cristiana en sus años treinta de edad, que servía al Señor en el sudeste de Asia, suscita la relación entre problemas menstruales y una maldición:

> En 1985 me prestaron un juego de casetes que habían sido grabados en Singapur, entre los que estaba el mensaje de Derek Prince sobre "Bendiciones y Maldiciones". Después de escuchar este mensaje una noche en mi habitación, de pie en la oscuridad, pronuncié la oración que se dice al final de la cinta, aunque no estaba consciente de ninguna causa en particular, sino que pensaba: "Si hay algo, quiero estar libre de ello".
>
> No sentí inmediatamente cambio alguno, aunque algo sucedió, cuyo significado no comprendí hasta más tarde: El Señor me instó poco después de esto que anotara en mi diario cuándo tuviera mi menstruación. Yo nunca lo había hecho antes pues mis períodos habían sido irregulares desde que me comenzaron a los trece años, así que no había razón para llevar cuenta de ellos, puesto que hubo veces en que pasé seis, ocho y hasta diez meses sin tenerlos.
>
> Me habían examinado médicos cuando tenía alrededor de veinte años y me habían recetado medicinas

(sin resultado) y dado muchos consejos inútiles que no eran de Dios.

Había orado por este problema pero no muy en serio —quizá porque era soltera— pero me habían dicho que sufriría cierta incomodidad e irregularidad en mi metabolismo debido a un desequilibrio hormonal hasta que este problema se resolviera.

Al escuchar la cinta de nuevo unos meses después, me impresionó la afirmación de Derek Prince que "casi todo —si no todo— desorden menstrual es resultado de una maldición". Cuando busqué en mi diario y verifiqué las fechas de mis ciclos, me di cuenta de que habían sido perfectamente regulares (cada 28 días) desde que pronuncié la oración en agosto de 1985. Me sorprendió percatarme de que estaba curada y de que había sido el Señor quien me había instado para que anotara las fechas de mis períodos.

Al reflexionar sobre mi vida, preguntándome dónde pudo alcanzarme "la maldición", puesto que ninguna maldición puede obrar sin una causa, recordé que, a lo largo de mis años de enseñanza secundaria (de los 13 a los 17 años), tanto yo como mis amigas, aludíamos a la menstruación como "la maldición". Con toda seguridad eso confirma que *la muerte y la vida están en poder de la lengua* (Proverbios 18:21). Desde aquella vez, en agosto de 1985, he anotado regularmente mis fechas y he encontrado que mi ciclo se ha mantenido entre 27 y 29 días. También mi peso, que antes de eso fluctuaba, ha permanecido estable.

Es importante señalar que —como Miriam en el capítulo 2— esta mujer no oró por sanidad física. Simplemente se liberó de una maldición, y la sanidad le llegó como consecuencia.

En este orden de las funciones procreadoras hay otra indicación común a la obra de una maldición: el bebé que nace con el cordón umbilical enredado alrededor del cuello

—a veces más de una vez. Con frecuencia, por supuesto, puede dar por resultado que nazca muerto, cuando debió haber una nueva vida.

4. Desintegración del matrimonio y distanciamiento familiar

En Deuteronomio 28:41 se describe un efecto de la maldición en este orden: *Hijos e hijas engendrarás, y no serán para ti, porque irán en cautiverio.* Incontables padres de la presente generación han sufrido esta maldición: Han visto a sus hijos e hijas presos de una subcultura rebelde dedicada a las drogas, el sexo, la música satánica y toda forma de ocultismo.

En Malaquías 4:5-6 el profeta pinta un grave cuadro de las condiciones en el mundo justamente antes que termine esta era:

> *He aquí, yo os envío al profeta Elías, antes que venga el día de Jehová, grande y terrible. El hará volver el corazón de los padres hacia los hijos, y el corazón de los hijos hacia los padres, no sea que yo venga y hiera la tierra con maldición.*

Malaquías describe una fuerza diabólica alejando a los padres de los hijos y produciendo una ruptura en las relaciones familiares. A menos que Dios intervenga, advierte, esta maldición que está destruyendo la vida familiar, se extenderá en toda la tierra, trayendo consigo el desastre.

Malaquías puso su dedo en los problemas sociales más apremiantes de nuestra cultura contemporánea. Necesitamos mirarlos como el fruto de una maldición, responsable de los sufrimientos de tantos hogares destrozados, matrimonios deshechos y familias desintegradas. Quizás la palabra más exacta para describir la fuerza responsable de estos resultados es "alienación". Viene entre los esposos y las esposas, los padres y los hijos, los hermanos y las hermanas, y todos los que deberían estar unidos por los lazos familiares. Su objetivo es la destrucción de la familia.

No obstante, para quienes acepten el consejo de Dios, la situación no es desesperada. Hay un remedio. Primero, debemos enfrentarnos a la realidad que hay una maldición operando. Después, debemos dar los pasos indicados en la Escritura para revocar la maldición y liberar a los cautivos. He visto familias transformadas y restauradas por estos medios.

5. Continua insuficiencia económica

Dos frases relacionadas en Deuteronomio 28 son: *Maldita tu canasta y tu artesa de amasar* (17); y *No serás prosperado en tus caminos* o *fracasarás en todo lo que emprendas* (29).

Sin embargo, todo el poder de esta maldición aparece presentado más gráficamente en los versículos 47-48:

> *Por cuanto no serviste a Jehová tu Dios con alegría y con gozo de corazón, por la abundancia de todas la cosas, servirás, por tanto, a tus enemigos que enviará Jehová contra ti, con hambre y con sed y con desnudez, y con falta de todas las cosas*

Moisés presenta aquí la alternativa de dos opuestos. El versículo 47 describe la voluntad de Dios para con su pueblo obediente: *"Servir al Señor con gozo y alegría de corazón, por la abundancia de todas las cosas."*

El versículo 48 describe la maldición que vendrá sobre el pueblo de Dios si son desobedientes: *"servirás a tus enemigos, que Dios enviará contra ti, con hambre, sed y desnudez, y con falta de todas las cosas"*. Considere lo que se describe en este versículo: hambre, sed, desnudez y necesidad de todas las cosas. Combina los cuatro elementos todos en una situación, y el resultado puede definirse en una sola frase: "pobreza absoluta".

Tomados en conjunto, los versículos 47 y 48 apuntan a una simple conclusión: la prosperidad es una bendición, y la pobreza, una maldición.

A través de los siglos, sin embargo, se ha extendido la tradición dentro de la Iglesia cristiana que la pobreza es una bendición. Ciertamente Dios tiene gran compasión por los pobres, y los cristianos deben tener la misma actitud y estar dispuestos a hacer grandes sacrificios personales en favor de ellos. Pero la Escritura jamás sugiere que Dios "inflige" la pobreza como una bendición sobre su pueblo creyente.

Al respecto, la revelación del Nuevo Testamento armoniza con la del Antiguo. En 2 Corintios 9:8 Pablo resume la abundancia de la provisión de Dios para los cristianos:

> *Y poderoso es Dios para hacer que abunde en vosotros toda gracia, a fin de que, teniendo siempre en todas las cosàs todo lo suficiente, abundéis para toda buena obra.*

En este sucinto párrafo Pablo dobla y redobla las palabras para resaltar la generosidad de la provisión de Dios para su pueblo. El verbo "abundar" aparece dos veces. La palabra "todo" —o su equivalente— aparece cinco veces: "toda" gracia... "siempre"... "todas" las cosas "todo" lo suficiente... "toda" buena obra. Tal es la medida de la provisión de Dios. Eso transciende la mera suficiencia y nos eleva a un nivel de abundancia, donde tenemos algo sobre y por encima de nuestra propia necesidad y podemos ministrar a las necesidades de otros.

No sería bíblico, sin embargo, interpretar la pobreza y la abundancia como normas materialistas de la civilización occidental contemporánea. En Juan 6:38 Jesús revela la motivación de su vida sobre la tierra: *Porque he descendido del cielo, no para hacer mi voluntad, sino la voluntad del que me envió.* La motivación del discípulo tiene que ser la misma de su maestro: "hacer la voluntad de Dios".

Es desde esta perspectiva que se definen la "pobreza" y la "abundancia". La pobreza es tener menos de todo lo necesario para hacer la voluntad de Dios en su vida. Mientras mayor sea la brecha entre lo que uno necesita y lo que tiene, tanto mayor es el grado de pobreza. La abundancia, por otro lado, es tener todo lo necesario para hacer la voluntad de Dios... y algo más para dar a los demás. Dios no nos proporciona abundancia para que la despilfarremos en satisfacer nuestros deseos carnales, sino "para toda buena obra", o sea, para compartir con otros las bendiciones de la gracia que han enriquecido nuestra vida.

Cuando la pobreza y la abundancia se interpretan de esta manera, se deduce que no hay una norma absoluta que pueda aplicarse a todos los cristianos. La norma para cada creyente debe definirse con relación a "la voluntad de Dios para su vida".

Es necesario además clasificar estas conclusiones sobre la pobreza y la abundancia de dos modos. Primero, debemos reconocer que con toda seguridad se probará la fe necesaria para apropiarse de la abundancia de Dios. Habrá períodos cuando deberemos contentarnos con las más imprescindibles necesidades. Tales períodos, sin embargo, debieran ser temporales. Una vez que nuestros motivos sean purificados y nuestra fe resista la prueba, Dios otorgará su abundancia hasta donde pueda confiar en nosotros que la usaremos para su gloria.

Segundo, debemos reconocer también que hay un nivel de riqueza más alto que el material. Cuando Moisés dio la espalda a la riqueza y el lujo de Egipto y se fue a vivir en un remoto paraje del desierto, el escritor de Hebreos dice que él tuvo "por *mayores riquezas* el vituperio de Cristo que los tesoros de los egipcios" (Hebreos 11:26). Moisés no se decidió por la pobreza, sino que cambió las riquezas materiales por las de más alto valor.

De la misma manera hoy, hay una clase de cristiano que renuncia a la riqueza material deliberadamente a fin de servir a Dios en situaciones donde la riqueza le sería un estorbo.

Con frecuencia este es un requisito previo para identificarse con los pobres y oprimidos de la tierra. En Proverbios 13:7 Salomón compara a tales personas con otras cuya única riqueza es material:

> *Hay quienes pretenden ser ricos y no tienen nada; y hay quienes pretenden ser pobres y tienen muchas riquezas.*

También hay cristianos en nuestros días que están soportando aflicción y persecución por causa de Cristo. Pudieran estar privados de todo lo que podría describirse como riqueza material, pero en su lugar son herederos de una riqueza mucho más valiosa.

No obstante, esto no altera la naturaleza básica de persistencia de la pobreza material. Donde no es el resultado directo de un compromiso con Cristo, es normal que sea señal de una maldición, sea que afecte a un individuo, a una familia o a un grupo social mayor.

6. "Propensidad a los accidentes"

Esta frase describe a la persona que es antinaturalmente propenso a sufrir accidentes personales. Deuteronomio 28 no hace mención específica a esto, aunque se sugiere en la frase "y palparás a mediodía como palpa el ciego en la oscuridad" (29).

Un efecto característico de esta maldición se puede ver en lo que se llaman accidentes "extraños". La chica descrita en el capítulo 2, que se había fracturado la misma pierna tres veces en dieciocho meses sería un ejemplo obvio.

Para dar otro ejemplo, algunas personas conducen bien, y sin embargo, tienen muchos accidentes automovilísticos. En la mayoría de los casos, quizás, sea culpa del "otro conductor". No obstante, los accidentes siguen ocurriendo. Un comentario típico que identifica a esta clase de persona sería: "¿Por qué me sucede siempre a mí?"

He aquí más ejemplos, escogidos más o menos al azar, de tipos de accidentes que pudieran indicar que hay una maldición de por medio:

- fracturarse un tobillo al bajar del bordillo de la acera
- romperse un diente al morder una fruta suave
- cerrar la puerta del auto y pillarse un dedo (aquí también puede ser culpa de "otra persona")
- resbalar en una escalera y caer rodando todo un tramo, resultando en múltiples lesiones
- atragantarse con una espina de pescado
- un insecto que se mete en un ojo y causa una infección extraña
- recibir en la cara el golpe de una piedra que salta al pasar un auto
- error de un cirujano en la mesa de operaciones que provoca una invalidez permanente... la lista pudiera ser interminable.

Casi pareciera que hay una invisible fuerza maléfica actuando contra tales personas. En momentos críticos, les hace tropezar, o caer, o las empuja a hacer un movimiento precipitado e impremeditado. Es típico que esas personas exclamen: "¡No sé qué me movió a hacerlo!" Esta clase de exclamación es muy reveladora. Indica que la persona se da cuenta de que sus actos no están del todo bajo su control, sino que hay una influencia anónima que la afecta, que no puede identificar y contra la que no tiene modo de protegerse.

El reconocimiento de este tipo de problema no es puramente subjetivo. Puede determinarse por análisis estadístico. Algunas compañías de seguros usan esta clase de análisis para identificar las personas que representan un desacostumbradamente alto riesgo para asegurar... y fijan sus primas de acuerdo con ello.

7. Una historia de suicidios y muertes prematuras o antinaturales

Las referencias en Deuteronomio 28 a la muerte prematura o antinatural son demasiado numerosas para relacionarlas. Una maldición que toma esta forma afecta no sólo a un individuo sino a un mayor grupo social, como una familia o una tribu. También es normal que continúe de una generación a otra. Muchas culturas diferentes han reconocido una fuerza actuando en la historia humana que persigue inexorablemente a los miembros de una familia o clan hasta que al fin los destruye. La Grecia antigua le daba el rango de una "diosa" a quien llamaban Némesis. Otras culturas han usado diferentes terminologías. Tras los visos de paganismo hay una realidad objetiva.

Con frecuencia la gente que es afectada por este tipo de maldición experimenta un fuerte presentimiento. Siente que en su camino hay algo tenebroso y maligno, pero no sabe cómo evitarlo. Un comentario típico pudiera ser: "Bueno, le sucedió a mi padre y supongo que sigo yo en la lista".

Un síntoma común de una maldición de esta clase es que la gente fije la fecha de su propia muerte. Puede ser que diga: "Sé que no viviré para cumplir los cuarenta y cinco". O: "Todos los hombres de mi familia mueren jóvenes". Si no lo dicen explícitamente, implican que esa será también su suerte. Tienen una especie de fe negativa que abraza la muerte, y rechaza la vida.

La lista anterior de siete síntomas de una maldición de ninguna manera es exhaustiva. Pudiera añadirse otros ejemplos. Sin embargo, probablemente usted ha leído ya lo suficiente como para hacer un análisis de su situación.

Hay varias reacciones posibles. Pudiera, por ejemplo, no abrigar más dudas acerca de la naturaleza de su problema. Usted ha identificado con claridad uno o más síntomas de una maldición que se aplican a su vida o a la de su familia.

Pudiera ser también que se sienta inquieto porque piense que es posible que haya una maldición actuando, pero no puede precisar la forma en que se manifiesta. Se siente como la persona descrita en el capítulo 1. Ha presentido una sombra oscura procedente del pasado, pero no conoce su origen. O ha visto ese largo brazo maligno obrando en varias ocasiones, pero actúa tras un velo que usted no ha sido capaz de romper.

En cualquiera de los casos, usted se estará preguntando: ¿Cómo puede sucederme semejante cosa a mí? ¿Cuál es el origen de mi problema?

Eso significa que es tiempo que usted avance a la Sección 2: "No hay maldición sin una causa". Esta sección explicará muchos de las orígenes más comunes de las maldiciones. Una vez que descubra la causa de su problema particular, estará en una mucho mejor condición de lidiar efectivamente con ella.

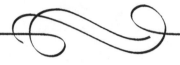

SECCION 2
No hay maldición sin una causa

Introducción

La operación de las bendiciones y las maldiciones en nuestra vida no es azarosa o caprichosa. Por el contrario, ambas operan de acuerdo con leyes eternas e inmutables. Una vez más debemos buscar en la Biblia para comprender correctamente estas leyes.

En Proverbios 26:2 Salomón establece este principio con respecto a las maldiciones: *La maldición nunca vendrá sin causa.* Detrás de cada maldición que nos alcance, hay una causa. Si parece que estamos bajo una maldición, debemos indagar para determinar su causa. Entonces estaremos en condiciones para actuar adecuadamente contra ella. Esto también silenciará la acuciante pregunta: "¿Por qué siempre me suceden estas cosas?"

Esta sección esboza apenas las causas de las principales maldiciones que más comúnmente afligen nuestra vida. Después de leerla, usted será capaz de comprender y aplicar mejor el remedio de Dios, que se desarrollará en la siguiente sección.

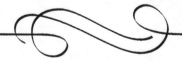

6

Falsos dioses

En los capítulos anteriores hemos establecido dos importantes realidades relativas a las maldiciones que proceden de Dios. Primero, son una de las principales maneras que Dios usa para ejecutar su juicio sobre los rebeldes y los impíos. Segundo, la causa básica de estas maldiciones es dejar de escuchar la voz de Dios y de hacer lo que él dice; en otras palabras, la *desobediencia.*

La desobediencia puede tomar muchas formas. Es natural, por lo tanto, preguntarse: ¿Cuáles son algunas de las principales formas de desobediencia que provocan en particular la maldición de Dios?

La Biblia no deja dudas de la respuesta. La forma de desobediencia que más inevitable y seguramente provoca la maldición de Dios es el quebrantamiento de los primeros dos de los Diez Mandamientos, formulados en Exodo 20:1-5:

> *Y habló Dios todas estas palabras, diciendo: "Yo soy Jehová tu Dios, que te saqué de la tierra de Egipto, de casa de servidumbre. "No tendrás dioses ajenos delante de mí. No te harás imagen, ni ninguna semejanza de lo que esté arriba en el cielo, ni abajo en la tierra, ni en las aguas debajo de la tierra. "No te inclinarás a ellas,*

ni las honrarás; porque yo soy Jehová tu Dios, fuerte, celoso, que visito la maldad de los padres sobre los hijos hasta la tercera y cuarta generación de los que me aborrecen.

¿Cuáles son los dos pecados que Dios especifica aquí? El primero es reconocer cualquier otro dios delante —o además— del Señor. No es suficiente reconocer que el Señor es el primero o el mayor de todos los dioses. Tenemos que reconocer que él es "el único Dios verdadero". No hay otro además de él.

En Isaías 45:21 el Señor declara con gran énfasis:

No hay más Dios que yo; Dios justo y Salvador;ningún otro fuera de mí.

El segundo pecado, descrito en el siguiente mandamiento, es hacer cualquier representación artificial de Dios y ofrecerle adoración. En Romanos 1:20-23 Pablo analiza lo que implica el quebrantamiento de estos dos mandamientos:

Porque las cosas invisibles de él, su eterno poder y deidad, se hacen claramente visibles desde la creación del mundo, siendo entendidas por medio de las cosas hechas, de modo que no tienen excusa. Pues habiendo conocido a Dios, no le glorificaron como a Dios, ni le dieron gracias, sino que se envanecieron en sus razonamientos, y su necio corazón fue entenebrecido. Profesando ser sabios, se hicieron necios, y cambiaron la gloria del Dios incorruptible en semejanza de imagen de hombre corruptible, de aves, de cuadrúpedos y de reptiles.

Quienes reconocen a falsos dioses y practican la adoración de ídolos han rechazado deliberadamente la clara revelación de Dios que tenían a su disposición en la creación. A cambio, escogieron adorar ídolos que se rebajan poco a poco. Primero, toman formas humanas, pero de ahí descienden a aves, a cuadrúpedos y finalmente a reptiles. Esto describe exactamente la práctica del antiguo Egipto. Tres de sus dioses principales eran el buitre, el chacal y la cobra.

Nuestras mente humana tarda en comprender la horrible perversidad de adorar ídolos. El Dios verdadero, revelado primero en la creación y después más completamente en la Escritura, es santo, terrible, glorioso, omnipotente. Representarlo en semejanza de cualquier ser creado — sea humano o animal— es ofenderlo deliberadamente. Es una provocación premeditada de su ira.

Lo ilustraré con un ejemplo muy crudo. Supongamos que alguien encontrara una cucaracha arrastrándose por el piso, la fotografiara y exhibiera la foto con el título "Derek Prince". Por supuesto que yo lo interpretaría como un insulto dirigido deliberadamente a mí. Cuán inmensamente peor es el insulto arrojado a Dios por quienes le dan su nombre no sólo a la más noble de sus criaturas, ¡sino incluso a la más baja!

El juicio de Dios por el quebrantamiento de estos dos mandamientos lleva la característica señal de una maldición que continúa de generación en generación, por lo menos hasta la cuarta. En algunas naciones y algunas culturas, la práctica de adorar falsos dioses se remonta a cientos y aun miles de años, multiplicando el efecto muchas veces.

Una persona que nace con semejantes antecedentes, hereda una maldición que pudiera compararse con una mala hierba plantada en su vida, asociándola con fuerzas satánicas fuera de sí. Esta mala hierba tiene dos clases de raíces: una raíz larga primaria que va derecho hacia abajo, y otras raíces laterales menos fuertes que se extienden en varias direcciones. La raíz primaria representa la influencia de los antepasados que adoraban a falsos dioses. Las raíces laterales representan otras influencias a las cuales la persona se ha expuesto en su propia vida, a través de los pecados que ha cometido o mediante su su propia asociación con falsos dioses o en varias otras formas.

Antes que pueda disfrutar de una verdadera libertad y la plenitud de la nueva criatura en Cristo, tiene que arrancar completamente de raíz esta mala hierba. La raíz más importante, y la más difícil de tratar, es la raíz primaria que lo une con muchas generaciones que han adorado a falsos dioses. Nada más que la sobrenatural gracia y poder de Dios pueden arrancar eficazmente todas estas raíces. Pero gracias a Dios, hay esperanza en la promesa de Cristo en Mateo 15:13:

> *Toda planta que no plantó mi Padre celestial, será desarraigada.*

No obstante, los pecados que traen esta maldición generacional, no se detienen ante las más obvias formas de idolatría. Incluyen un segundo y más amplio alcance de prácticas que no entran necesariamente en la categoría de idolatría abierta, o incluso religiosa. Dado que su verdadera naturaleza está escondida en terminologías engañosas, se las describe apropiadamente como "ocultismo" (derivado de la palabra latina que significa "escondido" o "encubierto"). Estas prácticas ocultistas han tenido siempre una poderosa fascinación[1] para el hombre caído, nunca tanto como en la presente generación.

Dos de las aspiraciones más fuertes de la naturaleza humana son el deseo de saber y el anhelo de poder. Hasta cierto punto, el hombre es capaz de satisfacer estas aspiraciones en fuentes naturales y por medios naturales. Si no está completamente satisfecho con lo que obtiene de esta manera, se volverá inevitablemente a las fuentes sobrenaturales. Es en este punto que queda fácilmente atrapado en el ocultismo.

La razón es que en el universo hay en realidad sólo dos fuentes de conocimiento y poder sobrenaturales a su disposición: Dios o Satanás. Por consiguiente, toda forma de conocimiento o poder sobrenatural que no procede de Dios, necesariamente

1. Es significativo que la palabra *fascinación* se derive del verbo latino que significa "hechizar".

procede de Satanás. Si se derivan de Dios, son legítimos; si vienen de Satanás, son ilegítimos.

Puesto que el reino de Dios es el reino de la luz, sus siervos saben a quién sirven y lo que están haciendo. Por otro lado, puesto que el reino de Satanás es el reino de las tinieblas, la mayor parte de quienes están en su reino no saben la verdadera identidad de quien sirven, ni la verdadera naturaleza de lo que están haciendo.

Fue este deseo de conocimiento ilegítimo que impulsó la primera transgresión del hombre en el huerto del Edén. Dios había puesto una barrera invisible entre el hombre y el árbol de la ciencia del bien y del mal. Cuando el hombre cruzó esta barrera, entró en el territorio de Satanás, y se convirtió en su prisionero. Desde entonces, la misma clase de deseo ilegítimo de conocimiento o de poder ha atraído continuamente al hombre a la trampa donde Satanás podrá aprisionarlo a voluntad (ver 2 Timoteo 2:26). Como ya dijimos, el nombre genérico de esta actividad es el ocultismo.

Quienes penetran en esta región, están buscando de Satanás el conocimiento o el poder sobrenaturales que Dios no permite al hombre buscar en ninguna otra fuente salvo en él mismo. Cuando lo hacen, en realidad están reconociendo a Satanás como a un dios, además del único Dios verdadero, y por lo tanto están quebrantando el primero de los Diez Mandamientos. De esta forma se están exponiendo a sí mismos a la maldición que Dios ha pronunciado sobre todos aquellos que quebrantan este mandamiento; una maldición que se extiende hasta la cuarta generación.

Esta conclusión es tan importante que es preciso volverla a recalcar: *Todo el que se enreda en el ocultismo, se expone a sí mismo a la maldición pronunciada sobre quienes quebrantan el primer mandamiento.*

En varios pasajes la Biblia describe el acto de volverse a falsos dioses como "adulterio espiritual", y lo condena como un pecado todavía mayor que el adulterio físico. Entendido de este modo, las advertencias en el libro de Proverbios contra enredarse con una "mujer inmoral" —o adúltera— se aplican a enredarse en el ocultismo. En Proverbios 5:3-6 se describe a esta mujer inmoral como tentadora y fascinante en su acercamiento inicial, pero causante de la ruina final de quienes seduce:

> *Porque los labios de la mujer extraña destilan miel, y su paladar es más blando que el aceite; mas su fin es amargo como ajenjo, agudo como espada de dos filos. Sus pies descienden a la muerte; sus pasos conducen al Seol. Sus caminos son inestables; no los conocerás, si no considerares el camino de vida.*

La declaración "sus caminos son inestables; no los conocerás" es particularmente iluminadora. No hay límites para las formas de engaño practicadas por el ocultismo. Tan pronto como se descubre una, otra surge para tomar su lugar. Por consiguiente, es imposible dar una lista completa o definitiva de los distintos tipos de prácticas ocultistas. Sin embargo, es posible identificar y describir brevemente tres ramas principales: la hechicería o brujería, la adivinación, y el sortilegio.

La hechicería es la rama de "poder" del ocultismo. La hechicería es una expresión de la rebelión del hombre contra Dios. Es un intento del hombre de ganar sus propios fines sin someterse a la ley de Dios. Su fuerza motriz es un deseo de controlar a las personas y las circunstancias. Para llegar a estos fines, puede usar presiones psicológicas técnicas psíquicas, o una combinación de ambas.

Hay tres palabras claves que descubren la actividad de la hechicería: manipular, intimidar y dominar. La dominación es su propósito final. La manipulación y la intimidación son formas alternas de conseguir este propósito. Dondequiera que la gente use tácticas verbales o no verbales, para manipular, intimidar y dominar a quienes la rodean, está actuando la hechicería.

En su forma más simple, la hechicería es meramente una expresión de la naturaleza corrupta y rebelde de la humanidad caída. En Gálatas 5:20 se menciona —con la idolatría— entre "las obras de la carne". Probablemente haya pocas personas que no hayan recurrido en algún momento a la hechicería en esta forma.

Sin embargo, ésta es sólo "la punta del iceberg". Es característico de Satanás que aproveche esta "obra de la carne" como una apertura para el poder demoníaco sobrenatural que emana del reino de las tinieblas. A través de esta apertura se introduce y toma el control de hombres y mujeres, convirtiéndolos en instrumentos de sus malvados propósitos y en esclavos de su reino. El resultado es la hechicería practicada como un arte oculto, que opera primordialmente a través de hechizos y maldiciones.

Las otras dos formas del ocultismo —adivinación y sortilegio— están motivadas por el mismo deseo básico: controlar a la gente y las circunstancias.

La adivinación es la rama de "conocimiento" del ocultismo, que ofrece diferentes formas de conocimiento que no pueden obtenerse por medios puramente naturales. En su forma más común, como la "buenaventura", ofrece el conocimiento sobrenatural del futuro. También incluye todas las falsas formas de revelación religiosa que se atribuyen una fuente sobrenatural.

Los sortilegios operan a través de "objetos materiales" o mediante otros modos para impactar los sentidos físicos, tales como las "drogas" o la "música". En Apocalipsis 9:21 la palabra "hechicería" está directamente derivada del vocablo griego que significa "drogas". En 2 Timoteo 3:13 Pablo advierte que "en los postreros días los hombres malos y los engañadores irán de mal en peor, engañando y siendo engañados". La palabra traducida como "engañadores" significa literalmente "encantadores". Los cantos monótonos —o encantaciones— han sido siempre una técnica de los sortilegios. La cultura contemporánea de las drogas, acompañada con música de "rock duro" es un ejemplo gráfico de dos formas de sortilegio actuando juntas.

A continuación ofrezco una breve lista de varias categorías bajo las que se pueden clasificar los "instrumentos" del sortilegio.

- Todo objeto asociado con la adoración idolátrica, tanto si es pagana como si dice ser cristiana.
- Todo objeto que represente cualquier clase de religión falsa o secta o práctica satánica.
- Todo objeto sobre el que un practicante del ocultismo ha invocado un poder sobrenatural. (Aunque este poder sea ostensiblemente dirigido hacia un "buen" propósito, tal como curar, su origen lo convierte en canal para una maldición.)
- Todo objeto que sea la expresión de una superstición, tal como herraduras, monedas de la "buena suerte", figuras de "santos" y cosas semejantes.

Las siguientes son algunas formas específicas del ocultismo prevalecientes en nuestra cultura contemporánea:

1. La rama de poder del ocultismo

- La acupresión
- La acupuntura
- La proyección astral
- La hipnosis
- La levitación
- Las artes marciales (que invocan poder espiritual sobrenatural)
- El control mental
- La dinámica mental
- La parakínesis
- El levantar mesas
- La telekínesis

- El "toque" sanador
- La hechicería.

2. La rama de conocimiento del ocultismo

- La astrología
- La escritura automática
- El espiritismo
- La clariaudiencia (oír "voces")
- La clarividencia
- Las bolas de cristal
- El diagnóstico por terapia de color o péndulo
- La adivinación
- La percepción extra sensorial
- El análisis de la escritura
- Los horóscopos
- La iridología
- La cábala
- Los médiums
- La adivinación del pensamiento
- La numerología
- Los augurios
- La lectura de las palmas de las manos
- La frenología
- Las sesiones espiritistas
- Las cartas del tarot
- La lectura de hojas de té
- La telepatía
- Los "sortilegios"
- Los libros que enseñan prácticas ocultistas.

También se incluyen bajo este título todas las falsas religiones o sectas que declaran revelaciones sobrenaturales pero contradicen la Biblia. Distinguir entre lo verdadero y lo falso en este ámbito es como distinguir entre lo recto y lo torcido en el plano natural. Una vez que hemos establecido una norma de lo que es recto, sabemos que cualquier cosa que se aparte de esa norma está torcida. No hay diferencia de si varía por un grado o por noventa. Está torcido.

En el ámbito espiritual, la Biblia es una norma de lo que es *recto*; o sea, *verdadero.* Cualquier cosa que se aparte de la Biblia es *falsa.* Si se aparta por poco o por mucho no tiene importancia. Algunos de los engaños más sutiles son aquellos que parecen diferir sólo un poquito de la Biblia.

Particularmente peligrosas son las religiones que distorsionan la Persona, la naturaleza o la obra redentora de Jesucristo. El Nuevo Testamento, por ejemplo, presenta a Jesucristo como "Dios manifestado en la carne," pero los Testigos de Jehová enseñan que fue un ser creado. También, el Islam rechaza la declaración que Jesucristo sea el Hijo de Dios, y niega que haya muerto en realidad en la cruz. Sin embargo, la muerte reconciliadora de Cristo es el único fundamento que tiene el hombre para reclamar el perdón de los pecados.

A continuación doy algunas de las muchas religiones falsas o cultos que están activas hoy:

- La Antroposofía
- La Misa Negra
- Los Niños de Dios
- Los Cristadelfinos
- La Ciencia Cristiana
- La Masonería
- El Movimiento de Paz Interior
- Los Testigos de Jehová (Estudiantes de la Biblia Dawn)

- Los Mormones (Iglesia de Jesucristo de los Santos de los Ultimos Días)
- El Movimiento de la Nueva Era
- La Ciencia Religiosa
- El Rosacrucismo
- La Cientología
- La Comunidad de las Fronteras Espirituales
- El Espiritualismo
- La Teosofía
- La Iglesia de la Unificación (del Rev. Moon, Cruzada de Un Mundo)
- La Iglesia Unitaria
- La Iglesia Mundial de Dios (fundada por Herbert W. Armstrong).

También, los cultos o religiones orientales, como:

- El Bahai
- El Budismo
- El Confucianismo
- La Misión de la Luz Divina
- Los gurús
- Los Hare Krisna
- El Hinduismo
- El Islam
- El Sintoísmo
- La Meditación trascendental.

3. La rama del ocultismo que opera a través de objetos físicos, etcétera.

- Los amuletos

- La cruz egipcia (*ankhs* cruz con un anillo en la parte superior)
- Las piedras preciosas correspondientes al mes de nacimiento
- Los amuletos (p.e. para quitar verrugas)
- Los cristales usados para curar
- Las drogas alucinógenas
- Los discos o casetes de "rock duro"
- Los símbolos de maleficios
- Los símbolos de la "buena suerte" (p.e. herraduras invertidas)
- La ouija
- Los fetiches paganos o artefactos religiosos
- Los talismanes
- Los dijes del zodíaco
- Las tablas de escritura mesmerista

La opinión de Dios acerca de quienes participan en estas clases de prácticas mencionadas arriba está claramente declarada en Deuteronomio 18:10-13:

> *No sea hallado en ti quien haga pasar a su hijo o a su hija por el fuego, ni quien practique adivinación, ni agorero, ni sortílego, ni hechicero, ni encantador, ni adivino, ni mago, ni quien consulte a los muertos. Porque es abominación para con Jehová cualquiera que hace estas cosas, y por estas abominaciones Jehová tu Dios echa estas naciones de delante de ti. Perfecto serás delante de Jehová tu Dios.*

Tome nota que quienes participan en estas prácticas ocultas están clasificados en la misma categoría con quienes sacrifican a sus hijos en el fuego a dioses paganos. Bajo la ley de Moisés, la pena obligada para tales prácticas era la muerte.

Es importante reconocer que los "libros" pueden ser canales para poderes ocultos. Cuando los cristianos profesantes en Efeso, como resultado del ministerio de Pablo, se enfrentaron con la realidad del poder de Satanás, su reacción fue drástica:

> *Y muchos de los que habían creído venían, confesando y dando cuenta de sus hechos. Asimismo muchos de los que habían practicado la magia trajeron los libros y los quemaron delante de todos; y hecha la cuenta de su precio, hallaron que era cincuenta mil piezas de plata.*[2]
>
> Hechos 19:18-19

El único modo apropiado de tratar con semejante material ocultista es destruirlo completamente —por fuego o por cualesquier medios que sean más convenientes— aunque el valor del material destruido sea muy grande.

Ya se ha señalado que el ocultismo, como la "mujer inmoral", está cambiando constantemente. No se puede ofrecer una lista final ni exhaustiva de las prácticas ocultistas.

A lo largo de los años he intentado ayudar a gente con problemas que no se han resuelto con el tipo de asesoramiento o ministerio que normalmente se ofrece en la mayoría de las iglesias de hoy. Hasta donde podía ver, los problemas de estas personas no se debían a la falta de sinceridad o de interés. En realidad, con frecuencia parecían estar más deseosas y de ser más sinceras que muchos de los habituales miembros de la iglesia que no presentaban problemas obvios.

En los casos en que sí pude ayudar a estas personas, casi invariablemente descubría alguna raíz de participación con el

2. El dracma, era equivalente a un día de trabajo. De acuerdo con la escala actual en los Estados Unidos, la cantidad total hubiera sido $200,000.

ocultismo en sus antecedentes. A menudo ellos mismo no veían esto como una causa potencial de sus problemas. Sin embargo, una vez que la raíz ocultista se descubría y se trataba, era por lo regular comparativamente fácil resolver el otro problema más obvio.

Un ejemplo simple pero muy real me viene a la mente. En una reunión de oración en una casa, me senté junto a un joven de unos veinte años. No nos habíamos conocido antes, pero sentí que debía preguntarle:

—¿Has recibido el Espíritu Santo?

—Sí, replicó —y entonces añadió melancólico—, pero no hablo en lenguas.

Claramente él sentía que faltaba algo en su experiencia.

Sin proseguir con el tema de las lenguas, le pregunté:

—¿Alguna vez visitaste a una adivina?

Reflexionó por un momento y entonces dijo:

—Sí, una vez, cuando tenía quince años. Pero sólo lo hice por broma. No creía realmente en eso.

—Pero de todas formas —lo presioné— ¿te dijeron la buenaventura?"

—Sí —admitió con renuencia y añadió defensivamente— pero no significó nada para mí.

—¿Estarías dispuesto a confesarlo como un pecado —le pregunté—, y pedirle a Dios que te perdone por eso y te libere de sus consecuencias?"

Cuando estuvo de acuerdo, lo dirigí en una oración sencilla, en la que él confesó como pecado su visita a una adivina, y pidió a Dios que lo perdonara y lo librara de sus consecuencias. Entonces, sin más explicaciones, puse mi mano en su hombro y le pedí a Dios que diera libertad al Espíritu Santo dentro de él. Instantáneamente, sin vacilación o tartamudeo, empezó a hablar clara y fluidamente en una lengua desconocida. En pocos momentos estaba arrobado en la presencia de Dios, indiferente a todo lo que lo rodeaba. ¡La barrera invisible en su vida había desaparecido!

Desde entonces he reflexionado muchas veces sobre mi breve encuentro con aquel joven. Su problema no era falta de interés o de sinceridad. Era la falta de reconocer la naturaleza del acto de visitar a la adivina. El no comprendía que ante los ojos de Dios, había sido culpable de adulterio espiritual.

Supongamos que yo le hubiera preguntado:

—¿Alguna vez cometiste adulterio con una mujer casada?

El nunca hubiese contestado:

—Sí, pero sólo lo hice por broma... no significaba nada para mí.

Incontables multitudes de personas hoy están en situaciones similares. Muchos son fieles asistentes a la iglesia. Sin embargo, por ignorancia, han penetrado en la dimensión del ocultismo y se han involucrado en un pecado que es peor que el adulterio físico. Hasta que reconozcan la verdadera naturaleza de lo que han hecho, tendrán que permanecer bajo la sombra de la maldición que Dios ha pronunciado sobre todo el que le vuelve la espalda para acudir a falsos dioses. Además, la misma sombra seguirá opacando la vida de las siguientes cuatro generaciones de sus descendientes.

Cuando se enfrentan a estos asuntos, los cristianos a veces responden: "Pero yo no sabía que estaba haciendo algo malo". Mi respuesta es señalar que en 1 Timoteo 1:13-15 Pablo se describe a sí mismo como "el primero de los pecadores" por los pecados que cometió "por ignorancia, en incredulidad". La ignorancia no nos absuelve de la culpa de nuestros pecados, pero puede disponer a Dios para mostrarnos misericordia si nos arrepentimos y nos volvemos a él.

Todos nosotros, sin excepción, necesitamos considerar cuidadosamente cómo se pueden aplicar estos principios en nuestra vida. En los primeros dos de los Diez Mandamientos, Dios ha pronunciado su juicio sobre dos pecados específicos: volverse a cualquier dios falso, en vez de al único Dios verdadero; y hacer y adorar cualquier representación artificial de Dios. Estos dos pecados incluyen toda el ámbito del ocultismo. Como hemos visto, el juicio de Dios sobre quienes los cometen, se extiende a las siguientes cuatro generaciones.

A la inversa, cualquiera de las cuatro generaciones que nos precedieron que haya cometido esos pecados, puede ser la causa de que haya una maldición sobre nuestra generación. Cada uno de nosotros tiene dos padres, cuatro abuelos, ocho bisabuelos, y dieciséis tatarabuelos. Esto hace un total de treinta personas, y cualquiera de ellas puede ser la causa de una maldición sobre nuestra vida. ¿Cuántos de nosotros podemos garantizar que ninguno de sus treinta antepasados inmediatos participó jamás en alguna forma de idolatría o de ocultismo?

¡Gracias a Dios que él ha proporcionado un camino para librarse de cualquier maldición que pudo haber venido de ellos! ¡Gracias a Dios que podemos aprovecharnos de su provisión! En el día final del ajuste de cuentas, Dios no nos echará en cara que nuestros antepasados hayan traído una maldición sobre nosotros, pero nos encontrará culpables si rehusamos aprovecharnos de la provisión que él nos ha dado para que seamos librados de semejante maldición.

7

Varios pecados morales y éticos

La principal forma de desobediencia que provoca la maldición de Dios está declarada en Exodo 20:3-5: reconocer y adorar falsos dioses. Además, el Antiguo Testamento también revela un enorme número de formas secundarias de desobediencia sobre las que Dios ha pronunciado una maldición. En esta categoría, en Deuteronomio 27:15-26, Moisés relaciona doce pecados morales y éticos que provocan la maldición de Dios.

Antes, en el mismo capítulo, Moisés había dado instrucciones a Israel para que celebraran una solemne ceremonia después que entraran en la tierra de Canaán. Sobre las dos montañas contiguas de Ebal y Gerizim, fueron a ofrecer sacrificios y colocaron piedras con todas las palabras de la ley escritas en ellas. Con estas palabras a la vista, la mitad de las tribus invocarían primero una bendición sobre todos los israelitas que fueran obedientes. Entonces las otras seis tribus invocarían una maldición sobre todos los que fueran desobedientes. Todo el pueblo debía responder "¡Amén!", tanto a la bendición como a la maldición.[1]

De esta forma, Dios decretó que la ocupación de Canaán por Israel los confrontaría con dos opciones diametralmente opuestas: la bendición por obedecer o la maldición por desobedecer. Entre estas dos no había terreno neutral. No había otra opción abierta para ellos. Desde entonces en adelante, cada israelita que entrara en Canaán podría disfrutar de la bendición de Dios o soportar su maldición.

Esta alternativa fue presentada con claridad meridiana en la historia de Israel, y los relatos subsecuentes confirman sus resultados. No obstante, la alternativa no se limita a Israel. Se aplica igualmente a todos los que entran en una relación de pacto con Dios. Bajo la dispensación del Nuevo Testamento, igual que bajo la del Antiguo, Dios ofrece las mismas dos opciones: bendición por obedecer o maldición por desobedecer. Un gran engaño entre los cristianos, que Satanás alienta con interés, es que hay alguna tercera posibilidad, que no es obediencia, con sus bendiciones, ni desobediencia, con sus maldiciones. Ni el Antiguo Testamento ni el Nuevo ofrecen semejante opción.

Las doce maldiciones pronunciadas sobre los israelitas desde el Monte Gerizim fueron detalladas y específicas. A continuación ofrecemos nuestro resumen de las principales clases de conducta que caen bajo ellas:

- Reconocer y adorar falsos dioses.
- No respetar a los padres.
- Toda forma de opresión e injusticia, especialmente cuando la víctima es el débil y el indefenso.
- Todas las formas de sexo ilícito o antinatural.

---

1. Josué 8:32-35 relata cómo se celebró en realidad esa ceremonia después que Israel había entrado en la tierra de Canaán.

La maldición final cubre todas las formas de desobediencia a la ley.

Como siempre, la causa principal de la maldición de Dios es cualquier forma de compromiso con falsos dioses. A esto sigue la falta de respeto hacia los padres. El requisito de respetar a nuestros padres es repetido y vuelto a recalcar en el Nuevo Testamento. En Efesios 6:1-3 Pablo reafirma el quinto de los Diez Mandamientos:

> *Hijos, obedeced en el Señor a vuestros padres, porque esto es justo. "Honra a tu padre y a tu madre", que es el primer mandamiento con promesa: "para que te vaya bien, y seas de larga vida sobre la tierra."*

Incontables personas hoy —incluidos muchos cristianos— no se han percatado de que la falta de respeto a sus padres trae la maldición de Dios. No puedo calcular la cantidad de personas que yo personalmente he tratado acerca de esto. ¡Gracias a Dios que he visto un maravilloso cambio de mejoría en las vidas de quienes han reconocido este pecado, se han arrepentido y han cambiado su actitud hacia sus padres!

Acerca de este tema, es apropiado que cite un pasaje de mi libro sobre el matrimonio, *God Is a Matchmaker* (Dios es un Casamentero).

> Pablo hace hincapié que los primeros cuatro mandamientos no tienen promesa añadida por guardarlos. Pero a este quinto mandamiento relativo a los padres, Dios añade una promesa especial: "Para que te vaya bien, y seas de larga vida sobre la tierra". Al mismo tiempo, la promesa implica una condición: Si quiere que todo le vaya bien, debe cuidarse de honrar a sus padres. A la inversa, si no honra a sus padres, no puede esperar que le vaya bien.
>
> Tenga en mente que es posible honrar a sus padres sin estar de acuerdo con ellos en todas las cosas o respaldar todo lo que hagan. Usted puede discrepar

enérgicamente con ellos en algunos asuntos, y todavía mantener una actitud respetuosa hacia ellos. Honrar a sus padres de esta manera es también honrar a Dios, que dio estos mandamientos.

Estoy convencido de que el requisito esencial para que la bendición de Dios se derrame sobre la vida de una persona, es tener una actitud apropiada hacia sus padres. En el transcurso de los años que he tratado con cristianos enseñando, pastoreando, aconsejando y en otros aspectos, jamás he hallado uno que habiendo tenido mala actitud hacia sus padres haya disfrutado de la bendición de Dios. Tales personas pueden ser muy celosas en muchas dimensiones de la vida cristiana, activas en la iglesia y enérgicas en el ministerio. Pueden tener un lugar en el cielo esperando por ellas. Sin embargo, siempre faltará algo en sus vidas: la bendición y el favor de Dios.

Por otra parte, he visto a muchos cristianos, cuyas vidas quedaron revolucionadas cuando reconocieron que habían mantenido una actitud equivocada hacia sus padres, se arrepintieron de ello y cambiaron lo que era necesario. Recuerdo un hombre condenado a toda una vida de amargura y odio hacia su padre. Aunque éste ya había muerto, el hombre viajó cientos de millas hasta el cementerio donde lo habían enterrado, se arrodilló junto a la tumba, y desahogó su corazón ante Dios, hondamente contrito y arrepentido. No se levantó de sus rodillas hasta que sintió que su pecado había sido perdonado, y él, liberado de sus efectos maléficos. A partir de ese momento, todo el curso de su vida cambió de frustración y derrota a victoria y realización plena.

La siguiente norma de conducta en la lista de Deuteronomio 27 es la opresión y la injusticia, especialmente contra el débil y el indefenso. Por supuesto que hay muchos ejemplos de semejante comportamiento en nuestra cultura contemporánea, pero ninguna más propensa a provocar la maldición de Dios que el deliberado aborto de un bebé. ¿Quién puede ser más desvalido e indefenso que un bebé en el vientre de su madre, si sus propios padres no lo protegen?

¡Cuán extraño que personas correctamente defensoras del derecho y activas en la lucha contra la injusticia y el prejuicio racial, en realidad condonan y promueven la práctica del aborto! Muy extraño, también, que personas que jamás pensarían en alzar una mano violenta contra un pequeño, no sientan compasión hacia un bebé todavía más pequeño en el vientre de su madre. De algún modo la sustitución de la palabra "bebé" por la de "feto" adormece la conciencia de la gente. Pero el cambio de terminología en modo alguno afecta la naturaleza real de semejante acto.

Alguien ha preguntado: "¿Qué esperanza le queda a una sociedad en que las madres matan a sus propios bebés?" La actitud de Dios hacia el aborto no se afecta por un cambio de terminología. El lo clasifica simplemente como "asesinato"; y lo trata de acuerdo con eso. En nación tras nación alrededor del mundo hoy, millones de vidas quedan arruinadas por la maldición que sigue a este acto.

La forma final de conducta que provoca una maldición en la lista tomada de Deuteronomio 27 es el abuso y la perversión de la relación sexual. Por desgracia algunos cristianos han formado el concepto que de algún modo el sexo es sucio, algo que no puede evitarse pero que de todas formas hay que pedir excusas por ello. No obstante, el cuadro bíblico es todo lo contrario. El sexo es parte del plan original del Creador para el hombre, algo sagrado y hermoso. Por esa razón Dios ha colocado límites estrictos alrededor del acto sexual, para protegerlo del abuso y la perversión. Estas fronteras están marcadas por las maldiciones pronunciadas en los versículos del 20 hasta el 23 en Deuteronomio 27.

Los actos prohibidos enumerados aquí cubren el sexo con varias personas emparentadas por sangre o por matrimonio, y cualquier forma de sexo con animales. Los actos prohibidos en la Biblia incluyen también todas las expresiones del homosexualismo. En Levítico 18:22 Dios declara: *No te echarás con varón como con mujer; es abominación;* también traducido "detestable". Esta es la misma palabra usada en Deuteronomio 18:12 para describir varias formas de prácticas ocultistas.

Hoy, muchas de esas fronteras destinadas a proteger la santidad del sexo han sido deliberadamente puestas a un lado... ¡algunas veces incluso en el nombre del cristianismo! Pero ningún argumento basándose en la "ética de situación" o "la nueva moral" (que en modo alguno es nueva) puede afectar o cambiar las leyes de Dios que gobiernan el comportamiento humano: todos los que se regodean en la perversión sexual se exponen a sí mismos a la maldición de Dios.

Es significativo que esta lista de acciones que provocan la maldición de Dios en Deuteronomio 27 esté seguida inmediatamente en Deuteronomio 28 por la lista completa de las bendiciones por obedecer y de las maldiciones por desobedecer. Es como si Dios dijera: "Antes que decidan si las obedecen o no, mejor piensen bien en las consecuencias. ¡Aquí las tienen!"

8

Antisemitismo

Hace alrededor de 4,000 años Dios hizo una elección que ha afectado toda la historia subsiguiente. Buscaba a un hombre que cumpliera sus condiciones para que en última instancia se convirtiera en el canal de sus bendiciones hacia todas las naciones. El hombre que escogió se llamaba Abram (más tarde Dios cambió su nombre a Abraham).

El propósito de Dios al escoger a Abraham se desarrolla en Génesis 12:2-3. Es característico que las bendiciones y las maldiciones estén íntimamente asociadas. Dios pronunció cuatro promesas de bendición sobre Abraham:

"Te bendeciré".
"Serás bendición".
"Bendeciré a los que te bendijeren".
"Serán benditas en ti todas las familias de la tierra".

Sin embargo, intercalada en medio de estas bendiciones, hay una maldición:

"A los que te maldijeren maldeciré".

La adición de esta maldición tiene un propósito práctico importante. Toda persona sobre quien Dios pronuncie su bendición queda inmediata y automáticamente expuesta al odio y la oposición del gran enemigo de Dios y de su pueblo: Satanás. Por paradójico que pueda parecer, la bendición de Dios provoca la maldición de Satanás, canalizada a través de los labios de quienes son controlados por Satanás. Por esa razón, cuando Dios bendijo a Abraham, añadió su maldición sobre todos los que pudieran maldecirlo. Esto significaba que nadie podía maldecir a Abraham sin atraer sobre sí la maldición de Dios.

En Génesis 27:29, cuando Isaac bendijo a su hijo Jacob, también extendió sobre él la misma protección que Dios había provisto originalmente para Abraham:

> *Malditos los que te maldijeren, y benditos los que te bendijeren.*

Más tarde, bajo la compulsión divina, Balaam pronunció una revelación profética del destino de Israel, exactamente opuesta a su intención original de maldecir a Israel. Parte de esta revelación, registrada en Números 24:9, repite las palabras ya pronunciadas referentes a Abraham y a Jacob:

> *Benditos los que te bendijeren, y malditos los que te maldijeren.*

Tomadas en conjunto, estas Escrituras ponen en claro que tanto la bendición como la maldición originalmente pronunciadas sobre Abraham se extendían a sus descendientes, Isaac y Jacob, y de ahí en adelante, a las sucesivas generaciones de sus descendientes, a quienes hoy se conocen colectivamente como el pueblo judío.

Dios no hizo imposible que sus enemigos maldijeran a Abraham, Isaac, Jacob y sus descendientes, pero sí se aseguró de que nadie pudiera hacerlo con impunidad. A partir de aquel momento en adelante, nadie jamás ha maldecido al pueblo judío sin traer sobre sí una maldición mucho peor: la del Dios todopoderoso. En lenguaje contemporáneo, la actitud que provoca esta maldición de Dios se resume en una sola palabra: *antisemitismo.*

Haría falta todo un libro para seguir la pista de los resultados de esta maldición en la historia de individuos y naciones desde la época de los patriarcas hasta nuestros días. Será suficiente decir que en cerca de 4,000 años, no ha habido individuo ni nación que haya maldecido alguna vez al pueblo judío sin traer sobre sí en pago la destructora maldición de Dios.

La historia de Nabil Haddad proporciona un gráfico ejemplo contemporáneo de ambos aspectos de la promesa de Dios a Abraham: por un lado, la maldición de quienes maldicen al pueblo judío; y por el otro, la bendición que proporciona bendecirlo. Nabil es un árabe palestino, nacido en Haifa de una bien conocida familia árabe. Después emigró a los Estados Unidos, donde se convirtió en un exitoso empresario y donde también tuvo un poderoso encuentro personal con el Señor Jesucristo. Aquí está el relato en sus palabras:

> Mi nombre es Nabil Haddad. Soy un árabe palestino nacido en Haifa en 1938 de padres árabes cristianos.
>
> Recuerdo que desde mi más tierna infancia siempre me iba a la cama deprimido, hasta que determiné encontrar una forma de ser feliz. Sabía que mis padres me amaban, pero eso no cambiaba mi desdicha. Me convencí de que si llegaba a ser rico y a tener éxito, sería feliz. Aquello se convirtió en mi meta.
> En 1948 empezó la lucha entre los árabes y los judíos. Toda nuestra familia se trasladó al Líbano. Al final de la década de 1950 vine a los Estados Unidos a la universidad.
>
> Una vez en los Estados Unidos, me dispuse a conseguir mi objetivo de tener dinero y éxito mediante la educación y los negocios. Durante los siguientes

años, me casé, me hice ciudadano norteamericano, empecé una familia y obtuve una franquicia para operar un restaurante de McDonald's. A los treinta años ya era millonario. Sin embargo, la depresión no se apartaba de mí. Empecé a buscar cosas materiales —autos, viajes, recreación, cualquier cosa que el dinero pudiera comprar— para ser feliz... mas nada dio resultado.

Finalmente empecé a preguntarme: ¿Quién es este Jesús? ¿Quién es éste de quien la gente sigue hablando 2,000 años después de su muerte? ¿Quién es ése que alguna gente incluso llega a adorar?

Abrí la Biblia, deseando ver lo que este Jesús había dicho acerca de sí mismo, y una Presencia llenó la habitación y de alguna forma supe que Jesucristo es el Hijo de Dios. Empleé la mayor parte del siguiente año leyendo la Biblia y hablándole a mis amigos de Jesús. Pero aún me sentía deprimido. Durante este tiempo vendí mis nueve restaurantes McDonald's por unos cuantos millones y emprendí un nuevo negocio. Pero las cosas empezaron a ir mal y me deprimí todavía más. Comencé a dudar de Dios otra vez:

—¿Por qué, Señor? Antes de saber que Jesucristo es tu Hijo, me iba muy bien. ¡Y ahora todo anda mal!

Dios replicó:

—¿Qué has hecho tú con la revelación de que Jesucristo es mi Hijo? Nada ha cambiado en tu vida. Incluso Satanás sabe que Jesucristo es mi Hijo.

—¿Qué quieres que haga Señor.

—Arrepiéntete y recíbelo en tu vida.

Encontré a alguien que podía enseñarme cómo orar. Me arrepentí y le pedí a Cristo que viniera a mi corazón. Pocos meses después, fui bautizado en el Espíritu Santo. Ahora tenía mi respuesta. ¡No volví a acostarme deprimido! Pero todavía mi vida no andaba bien. Mis negocios seguían cuesta abajo. Y otra vez me enfrenté al Señor.

—¡Señor! —le dije—, me engañaste. Antes que supiera nada de tu hijo Jesús, todo me iba muy bien. Entonces me mostraste que él era tu Hijo, y las cosas empezaron a ir mal. Más tarde lo recibí en mi vida, y ahora lo estoy perdiendo todo!

—¡Yo soy un Dios celoso! —replicó—. ¡Tu negocio es tu dios, tu Rolls Royce es tu dios, tu posición es tu dios. Voy a quitarte todos estos falsos dioses y a demostrarte quién es el verdadero Dios que vive. Pero... ya te restauraré.

A los diez meses yo estaba en bancarrota. Poco después fui a Fort Lauderdale para asistir a un seminario llamado "Maldiciones: Causas y cura" impartido por Derek Prince. Aprendí que muchas dimensiones de mi vida estaban bajo una maldición: financiera, física, no disfrutaba de mis hijos, etcétera. Recuerdo que mi padre padeció la misma clase de problemas en su vida, y en la vida de otros miembros de la familia. Al tercer día, cuando Derek guió a algunos cientos de personas en una oración para quedar libres de maldiciones, me puse de pie. La gente que estaba delante, detrás y cerca de mí, tuvieron manifestaciones físicas de liberación. Pero la mía no tuvo lugar en la reunión. El siguiente día, por ocho horas seguidas, dolorosos vómitos me fueron liberando poco a poco de las maldiciones y de las restricciones que estaban pegadas muy dentro de mí. Cuando pregunté al Señor de qué me estaba liberando, me mostró la hechicería y muchos otros problemas específicos.

Durante meses el Señor continuó mostrándome otras maldiciones. Cada vez me arrepentía y reclamaba mi liberación, basándome en que Cristo se había hecho maldición por mí.

Un día que estaba adorando dije:

—¡Qué grande eres! Tú creaste el universo *y todo lo que hay en él"*.

El Señor me preguntó si yo de veras creía eso, y le contesté:

—Sí, Señor.

Entonces me respondió:

¿Qué me dices del pueblo judío? Todavía abrigas resentimientos en tu corazón contra ellos.

Recordé que toda mi familia había maldecido siempre a los judíos. Me enseñaron a "odiarlos" desde mi más tierna infancia. Ahora, en la presencia del Señor, dije: "Renuncio a cualquier resentimiento que pueda albergar mi corazón contra los judíos. ¡Los perdono!" Inmediatamente algo cambió dentro de mí.

Poco después de esto vi lo que Dios en su Palabra había dicho a Abraham, el padre de los judíos, *"Bendeciré a los que te bendijeren, y a los que te maldijeren maldeciré"* (Génesis 12:3). Entonces me percaté de que mis finanzas no habían estado bajo una bendición, sino bajo una maldición: una maldición de insuficiencia. Jamás había podido ganar suficiente dinero para cubrir mis necesidades. Incluso si ganaba $250,000, necesitaba $300,000. Más tarde, cuando ganaba $500,000, necesitaba $700,000 para cubrir mis gastos.

Desde 1982, cuando quedé libre de la maldición del antisemitismo y de la maldición de insuficiencia que estaba asociada con ella, mis ingresos han excedido siempre a mis gastos y a mis necesidades. Y he podido "dar con liberalidad" a la obra del reino de Dios.

Dios también ha sanado mi cuerpo y mis emociones. Estoy totalmente libre de depresiones. Con toda certeza puedo decir que ando en victoria. Mi testimonio ha ayudado a muchos otros a librarse de la maldición y a vivir bajo la bendición de Dios.

La lección de la vida de Nabil es clara: *Nadie puede permitirse el lujo de odiar o maldecir al pueblo judío.* Nunca ha sido más necesario aprender esta lección que hoy. Tanto en el ámbito social como en el político, el antisemitismo es una de las fuerzas más poderosas que obran en nuestro mundo contemporáneo. Pero en última instancia eso implica un desastre para todos aquellos que se dejan controlar por él.

Por desgracia, a lo largo de muchos siglos, la que se dice Iglesia cristiana con frecuencia ha sido culpable de propagar un flagrante antisemitismo. No obstante, la Iglesia le debe toda esa bendición espiritual que reclama para sí, a quienes han sido su víctima: el pueblo judío. Sin los judíos, la Iglesia no hubiera tenido apóstoles, ni Biblia ni Salvador.

He aquí una razón principal de la presente condición tibia e impotente de gran parte de la cristiandad —sobre todo en Europa y en el Medio Oriente, donde el antisemitismo está profundamente arraigado—. La historia de Nabil Haddad apunta hacia la solución: reconocer abiertamente que el antisemitismo es un pecado, y a continuación, arrepentirse y renunciar a éste. Esto dará como resultado un profundo cambio interior de los sentimientos hacia el pueblo judío, y un reconocimiento de las inconmensurables bendiciones que la Iglesia cristiana ha recibido de él.

Sobre este fundamento, podemos entonces implorar a Dios que quite la tenebrosa sombra de la maldición que en la actualidad cubre la mayor parte de la Iglesia, y la cambie por su bendición.

9

El legalismo, la carnalidad y la apostasía

En Jeremías 17:5 Dios pronuncia su maldición sobre otra clase de pecado, que, como el antisemitismo, está actuando en muchos sectores de la Iglesia:

> *Así ha dicho Jehová: Maldito el varón que confía en el hombre, y pone carne por su brazo, y su corazón se aparta de Jehová.*

En este contexto —como en muchos otros pasajes de la Biblia— la palabra "carne" no designa al cuerpo físico, sino que alude más bien a la naturaleza que cada uno de nosotros ha heredado de Adán, nuestro antepasado común. Adán no engendró ningún hijo hasta después que transgredió el mandamiento de Dios. El motivo esencial de su transgresión no fue tanto el hacer algo malo como el deseo de ser independiente de Dios.

Este deseo actúa en cada uno de sus descendientes. Es la marca distintiva de la "carne". En el campo de la religión, trata de llevar a cabo buenas obras sin depender de la gracia sobrenatural de Dios. No importa cuán buenas sean sus intenciones, el producto final será siempre un "Ismael", no un "Isaac".

El adjetivo que la Escritura aplica normalmente a la carne es *corrupta.* Aunque pueda producir mucho que esté destinado a impresionar la mente y los sentidos, todo está contaminado por la corrupción. Hebreos 6:1 describe el resultado final de todos sus esfuerzos como "obras muertas", de las que Dios nos pide arrepentirnos.

La persona descrita en Jeremías 17:5 no es extraña a la gracia de Dios. Así lo indica la frase final "cuyo corazón se aparta de Jehová". Si nunca hubiera conocido al Señor, no podría decirse que se ha apartado de él. Esta clase de persona ha experimentado la gracia y el poder sobrenaturales de Dios, pero después se vuelve a sus propias habilidades naturales. Esa conducta revela que tiene más confianza en lo que él puede hacer por sí mismo, que en lo que Dios puede hacer por él. En realidad, ha despreciado a Dios. Esta actitud es la que provoca la maldición de Dios.

El siguiente versículo describe los resultados de la maldición que tal persona atrae sobre sí:

> *Será como la retama del desierto, y no verá cuando viene el bien, sino que morará en los sequedades en el desierto, en tierra despoblada y deshabitada.*
>
> Jeremías 17:6

¡Qué descripción más gráfica de una persona bajo la maldición de Dios! Se encuentra viviendo en "sequedades" y en "tierra despoblada". Todo lo que le rodea es árido, triste e insípido. A su alrededor otros pueden saborear la frescura, pero a ésta, de algún modo misterioso, siempre le pasa de lado sin tocarla. Está destinada a la esterilidad y a la frustración.

La maldición de Jeremías 17:5-6 actúa en la vida de muchos individuos, pero también se aplica a un dimensión mucho mayor. Es una causa real, aunque invisible, de la esterilidad e ineficacia de muchos sectores de la Iglesia cristiana contemporánea. Casi todo movimiento de alguna significación en la cristiandad puede rastrear su origen hasta una poderosa obra sobrenatural de la gracia y del Espíritu de Dios. Es a esto, por encima de todo lo demás, a lo que deben el impacto que han hecho en la historia.

Sin embargo, hoy, muchos —quizás la mayoría— de estos movimientos no ponen ya mucha atención a la gracia de Dios ni al poder del Espíritu Santo. Han vuelto atrás para depender de lo mejor que ellos puedan lograr por sus propios esfuerzos. Están "confiando en el hombre" —o sea, en ellos mismos— y "poniendo carne por su brazo". Cierta, aunque imperceptiblemente, "sus corazones se han apartado de Jehová". Quizás hayan conseguido "respetabilidad" religiosa e intelectual, pero al hacerlo han perdido el favor de Dios. En su lugar, han traído sobre ellos la tenebrosa sombra de la maldición pronunciada en Jeremías 17:5.

Poner la habilidad humana en el lugar de la gracia divina es exaltar lo carnal por encima de lo espiritual. El efecto se manifestará en muchos aspectos diferentes. Por ejemplo:

- La *teología* se exaltará por encima de la *revelación*
- La *educación intelectual* por encima de la *edificación del carácter*
- La *psicología* por encima del *discernimiento*
- La *programación* por encima de la *dirección del Espíritu Santo*
- La *elocuencia* por encima del *poder sobrenatural*
- El *razonamiento* por encima del *andar en fe*
- Las *leyes* por encima del *amor.*

Todos estos errores son diferentes manifestaciones de un gran error básico: poner al hombre en un lugar que Dios ha reservado sólo para el Señor Jesucristo.

Esta fue la clase de situación con que Pablo trató de lidiar en la iglesia de Galacia. En Gálatas 3:1-10 él rastrea el problema desde su origen hasta su culminación. A continuación ofrezco un breve bosquejo. En el versículo 1 Pablo identifica el origen como una engañosa influencia satánica que él llamó "fascinación":

> *¡Oh gálatas insensatos! ¿quién os fascinó... ante cuyos ojos Jesucristo fue ya presentado claramente... como crucificado?*

Otra versión alterna de la pregunta de Pablo es: "¿Quién te *hechizó?"*

Esta influencia satánica ha oscurecido la única fuente de la más que suficiente gracia de Dios: "Jesucristo crucificado". Privados así de la gracia de Dios, su pueblo inevitablemente se vuelve hacia la única opción: un sistema de leyes religiosas. Esto conduce a la siguiente pregunta de Pablo en el versículo 2:

> *¿Recibisteis el Espíritu por las obras de la ley, o por el oír con fe?*

La palabra normalmente utilizada para describir esto es "legalismo". Puesto que esta palabra a menudo se usa con imprecisión, es importante definirla con más exactitud.

En Romanos 3:20 Pablo ha descartado esto con finalidad absoluta:

> *Ya que por las obras de la ley ningún ser humano será justificado delante de él; porque por medio de la ley es el conocimiento del pecado.*

El artículo "la" delante de "ley" lo agregó el traductor. Lo que Pablo dijo en realidad es "Por las obras de ley ninguna carne será justificada". La primera referencia es a la ley de Moisés, pero la declaración se aplica del mismo modo a cualquier otro juego de reglamentos religiosos. La ley puede demostrarnos que somos pecadores, pero no tiene poder para cambiarnos.

El "legalismo" se puede definir también como un intento de imponer cualquier condición adicional para conseguir la justicia más allá de lo que el mismo Dios ha dispuesto. Los requisitos de Dios aparecen en Romanos 4:24-25:

> *A quienes ha de ser contada [la justicia], esto es, a los que creemos en el que levantó de los muertos a Jesús, Señor nuestro, el cual fue entregado por nuestras transgresiones, y resucitado para nuestra justificación [a fin de que pudiéramos ser reconocidos justos por Dios].*

Este es el requisito de Dios —simple pero todo suficiente— para alcanzar la justicia: que nos entreguemos a él, creyendo que él hizo dos cosas en favor de nosotros: Primera, entregó a Jesús a la muerte por nuestros pecados. Segunda: levantó a Jesús de entre los muertos para que pudiéramos ser contados justos. Dios no pide más que esto, y nadie jamás ha sido autorizado para añadir nada a los requisitos de Dios.

Después, una vez que hemos recibido la justicia por fe, las buenas obras propias de esa condición fluirán de nuestra fe. Pero si añadimos cualquier requisito adicional para alcanzar la justicia, Dios no nos reconocerá sobre esta base, y las buenas obras no se manifestarán. Jamás seremos capaces de llegar más allá de lo mejor que pueden alcanzar nuestros esfuerzos carnales.

Esto explica la siguiente pregunta de Pablo en Gálatas 3:3:

> *¿Habiendo comenzado por el Espíritu, ahora vais a acabar por la carne?*

El término acostumbrado para esto es "carnalidad"; o sea, depender de nuestra propia naturaleza carnal. Además, en Gálatas 5:19-21, Pablo relaciona al menos quince "obras de la carne". Ninguna de éstas es buena o aceptable para Dios, porque la carne no es capaz de producir cosa alguna que Dios aceptaría. En Romanos 8:8 Pablo lo resume así:

> *Y los que viven según la carne no pueden agradar a Dios.*

Finalmente, en Gálatas 3:10, Pablo declara que la culminación de este proceso descendente es *una maldición. Porque todos los que dependen de las obras de la ley están bajo maldición.*

Así, por la lógica del Espíritu Santo, Pablo analiza el problema de las iglesias en Galicia, que es también el problema de muchas iglesias contemporáneas. Proviene de una engañosa influencia satánica que infiltra la iglesia y distrae la atención del pueblo de Dios de la única fuente de su gracia: "Jesucristo crucificado". Pablo cataloga esta influencia como "hechicería" o "fascinación". Separados así de la fuente de la gracia, los cristianos inevitablemente degeneran en la carnalidad y el legalismo. El resultado final de este derivar descendente es una "maldición". Ya se señaló —en el capítulo 6— que los encantamientos y las maldiciones son los principales instrumentos de la hechicería.

De este modo, la verdad de Jeremías 17:5-6 es llevada al Nuevo Testamento, y encuentra su expresión en Gálatas 3:1-10. "Confiar en las obras de la ley [legalismo]" y "hacer de la carne nuestra fuerza [carnalidad]" culminan en una maldición. Como resultado, el pueblo de Dios se encuentra viviendo en "sequedades" y en "tierra despoblada".

La carnalidad puede tomar muchas formas. Con frecuencia son obvias y no resultan atractivas para la gente con una visión religiosa. Algunos ejemplos típicos serían: impureza sexual o inmoralidad; lenguaje vulgar; gula o ebriedad; desmedida ambición personal; ira descontrolada u otras pasiones malvadas. Lo que hace el legalismo especialmente peligroso es que resulta atractivo para los hombres y mujeres dedicados y diligentes que no se dejarían entrampar fácilmente por los pecados obvios de la carne. Sin embargo, en sus consecuencia finales, el legalismo es tan mortal como otros, pecados menos "respetables". Es el instrumento preferido de Satanás para desviar a los cristianos que de otra forma se convertirían en una seria amenaza para su reino.

Para mí personalmente, el análisis del problema de los gálatas no es un mero ejercicio de teología abstracta. Por el contrario, es muy real, y también doloroso. En 1970, en Fort Lauderdale, me encontré soberana y sobrenaturalmente "unido" a un grupito de ministros de diversos antecedentes. Ninguno de nosotros había anticipado lo que nos había sucedido, ni tampoco comprendía lo que Dios tenía pensado para nosotros. Indudablemente, si hubiésemos continuado dependiendo del Espíritu Santo, que había iniciado nuestra relación, él habría revelado gradualmente su propósito para nosotros, pero no fue el camino que seguimos.

Casi enseguida, y sin discernir lo que estaba pasando, las diversas características del "síndrome" de Gálatas 3 empezaron a manifestarse. Ya no era el Espíritu Santo quien iniciaba nuestras decisiones y actos, sino que se basaban en un elaborado sistema de reglas y conceptos que habíamos concebido. Seguíamos reconociendo al Espíritu Santo, pero del modo en que los clientes de un restaurante pueden reconocer al camarero. Si creíamos que necesitábamos algo, lo convocábamos brevemente. Pero mayormente dependíamos de los métodos y los planes que habíamos concebido.

Recapitulando hoy, comprendo ahora que la obra que el Espíritu Santo había iniciado entre nosotros representaba una grave amenaza para Satanás. Por consecuencia, él recurrió a las tácticas que habían tenido tanto éxito en Galicia, y en incontables otras circunstancias a lo largo de la subsecuente historia de la Iglesia. Hubo dos pasos decisivos: Primero, desplazó la cruz del centro de nuestras vidas y ministerios. Segundo, desplazó a Cristo como "Cabeza sobre todas las cosas" en nuestras prácticas y relaciones.[1] Por un proceso inevitable, degeneramos en un tipo normal de organización religiosa, que operaba en el plano de nuestra razón y capacidad naturales.

Paradójicamente, una causa principal de nuestros problemas había sido el mismo hecho de que habíamos tenido un inicio sobrenatural. Como los gálatas, habíamos "comenzado por el Espíritu". A partir de ese origen, no hubo ruta fácil o indolora que podíamos seguir para convertirnos simplemente en una organización religiosa más, funcionando en el plano natural y ocupando nuestro lugar junto a incontables grupos similares a través de toda la cristiandad. Tal como Pablo les señaló a los gálatas, lo que ha sido iniciado por el Espíritu Santo jamás puede ser terminado en la carne.

No pasó mucho tiempo antes que nos enfrentáramos a los resultados de la maldición que habíamos traído sobre nosotros. Sus manifestaciones fueron características de otros desarrollos similares a lo largo de la historia de la Iglesia: Ruptura de las relaciones personales; congregaciones divididas y dispersadas; ministerios prometedores interrumpidos, o si no, desviados del propósito de Dios; los que antes habían sido cristianos entusiastas, marchitados por la frustración y la desilusión. Muchos abandonaron su fe. Si nos hubieran obligado a darle un nombre a todo aquello, hubiésemos tenido que llamarlo "Icabod, diciendo, ' Se ha ido la gloria'" (1 Samuel 4:21).

En Hebreos 6:1 se resume el resultado de toda actividad religiosa que no ha sido iniciada y dirigida por el Espíritu Santo con la frase "obras muertas". Para esto, en el mismo versículo se establece el remedio: *arrepentimiento.* Esto se hizo real para mí personalmente. No podía culpar a otros. Tenía que aceptar mi responsabilidad por aquello en que me

1. Ver Efesios 1:22-23.

había mezclado. Más que ninguna otra cosa, comprendía que yo había contristado y desairado al Espíritu Santo.

Vi que tenía que confesar a Dios mis pecados y confiar que él me perdonara y me restaurara. Esta fue una decisión personal que sólo yo podía hacer. No podía hacerla por otros, pero si yo podía encontrar un camino que condujera a la restauración, entonces los que vieran su necesidad seguirían el mismo camino. En 1983 me arrepentí e hice el rompimiento.

En su misericordia, Dios me mostró, paso a paso, el camino que yo estaba buscando. Descubrí que hay una senda para salir de una maldición y entrar una vez más en la bendición. Si no lo hubiese descubierto, este libro jamás se hubiera podido escribir. Para quienes pudieran encontrarse en una situación parecida, ofrezco una explicación completa de los pasos que tienen que dar en la Sección 3: "De la maldición a la bendición".

En Gálatas 1:6-9 Pablo expone otra forma en que una maldición puede caer sobre el pueblo de Dios: *la apostasía.*

> *Estoy maravillado de que tan pronto os hayáis alejado del que os llamó por la gracia de Cristo, para seguir un evangelio diferente. No que haya otro, sino que hay algunos que os perturban y quieren pervertir el evangelio de Cristo. Mas si aun nosotros, o un ángel del cielo, os anunciare otro evangelio diferente del que os hemos anunciado, sea anatema. Como antes hemos dicho, también ahora lo repito: Si alguno os predica diferente evangelio del que habéis recibido, sea anatema.*

La clase de persona aquí descrita se presenta a sí misma como un ministro de Cristo, pero pervierte la verdad central del evangelio. Pablo afirma que semejante persona trae sobre sí una maldición. La palabra griega usada *anathema* significa "maldito". Quiere decir algo que provoca la ira de Dios y está sujeto a su irrevocable condenación y rechazo.

El Evangelio contiene un núcleo central de verdad revelada que ha sido aceptada y sostenida por la Iglesia en general a través de las generaciones. Puede resumirse como sigue:

Jesucristo es el divino y eterno Hijo de Dios, quien se convirtió en miembro del género humano por un nacimiento virginal. Llevó una vida sin pecado, murió en la cruz como sacrificio propiciatorio por los pecados de la humanidad, fue sepultado y resucitó de la tumba en forma corporal al tercer día. Ascendió a los cielos, de donde volverá a la tierra en persona, para juzgar a los vivos y a los muertos.

Todo el que se arrepienta del pecado y confíe en el sacrificio de Jesús, recibe el perdón de sus pecados y el don de la vida eterna.

Es importante subrayar que el evangelio se centra en la muerte y resurrección de Jesús. En 1 Corintios 15:3-4 Pablo resume su mensaje con tres hechos históricos: *Cristo murió por nuestros pecados, conforme a las Escrituras; ...fue sepultado; ...resucitó al tercer día conforme a las Escrituras.*

La primera autoridad que cita Pablo en respaldo de estos hechos es "las Escrituras" —que en aquel tiempo aludía al Antiguo Testamento—. Para más confirmación de la resurrección, Pablo prosigue relacionando varios testigos que vieron a Jesús después que resucitó. Sin embargo, sus testimonios tienen importancia secundaria, comparados con el de las Escrituras del Antiguo Testamento.

En dos afirmaciones sucesivas, Pablo entonces subraya que la fe en la resurrección corporal de Cristo es esencial para la salvación:

> *Y si Cristo no resucitó, vana es entonces nuestra predicación, vana es también vuestra fe... y si Cristo no resucitó, vuestra fe es vana; aún estáis en vuestros pecados.*
>
> 1 Corintios 15:14,17

En 2 Tesalonicenses 2:3 Pablo advierte que al fin de esta era habrá una apostasía de la fe cristiana muy extendida. Hay razones poderosas para creer que estamos ahora en el período de apostasía pronosticado. En algunas de las mayores denominaciones cristianas, muchos líderes reconocidos han renunciado públicamente a la fe en las Escrituras y —en particular— a la resurrección corporal de Cristo. Probablemente no se percatan de que su declaración de incredulidad ¡es en sí misma un cumplimiento de las Escrituras que están rechazando!

Sin embargo, hay una realidad que no pueden cambiar: a menos que se arrepientan, quienes de este modo pervierten el Evangelio, traen sobre sí mismos la ira y la maldición de Dios.

10

El hurto, el perjurio y robar a Dios

Todos los tres últimos profetas del Antiguo Testamento —Hageo, Zacarías y Malaquías— tratan con varios asuntos en los cuales Israel experimentó el resultado de la maldición de Dios. Es como si estos profetas hubieran recibido el encargo de resumir la historia de los israelitas desde que habían estado bajo la ley de Moisés, y de confrontarlos con las razones por las cuales les habían alcanzado maldiciones específicas de la ley.

En Zacarías 5:1-4 el profeta describe una visión que tuvo de la maldición de Dios que vino sobre los hogares de su pueblo:

> *De nuevo alcé mis ojos y miré, y he aquí un rollo que volaba. Y me dijo: "¿Qué ves?" Y respondí: "Veo un rollo que vuela, de veinte codos de largo, y diez codos de ancho."Entonces me dijo: "Esta es la maldición que sale sobre la faz de toda la tierra; porque todo aquel que hurta (como está de un lado del rollo) será*

destruido; y todo aquel que jura falsamente (como está del otro lado del rollo) será destruido. Yo la he hecho salir," dice Jehová de los ejércitos, "y vendrá a la casa del ladrón, y a la casa del que jura falsamente en mi nombre; y permanecerá en medio de su casa y la consumirá, con sus maderas y sus piedras."

La maldición que describe Zacarías entra en la casa de todos los que han cometido dos pecados específicos: robar y jurar en falso. (El término moderno para este último es "perjurio".) Una vez que entra, la maldición permanece allí hasta que ha destruido la casa entera: maderas, piedras y todo.

Este es un cuadro gráfico de la forma en que actúa una maldición, después que la hemos admitido en nuestra vida. No podemos fijar límites que escojamos nosotros para las dimensiones que la misma afecte. A menos que nos arrepintamos y busquemos la misericordia de Dios para que nos libre de ella, terminará por destruir toda la casa.

El predominio de estos dos pecados de hurto y perjurio en nuestra cultura contemporánea puede medirse con algunas estadísticas sencillas. El robo es tan predominante hoy en Estados Unidos que casi el diez por ciento del precio de las mercancías exhibidas en las tiendas minoristas se debe al costo del seguro contra robos. ¡He aquí una causa poco conocida de la inflación! Por otra parte, el perjurio defrauda miles de millones de dólares cada año al Servicio de Contribuciones Internas de Estados Unidos mediante declaraciones de ingresos deshonestas. ¡Es posible que la total honestidad en este sector pudiera eliminar por entero el déficit presupuestario!

De acuerdo con la visión de Zacarías, la maldición que sigue a estos dos pecados de hurto y perjurio afecta no sólo al individuo, sino también a toda su casa. En el hebreo bíblico, la palabra "casa" se aplica no a una estructura material simplemente, sino también a la gente que vive dentro de ella: o sea, una familia. Mucho más de lo que a primera vista pudiera parecer, estos dos pecados, y la maldición que les siguen, han contribuido a la ruina de la vida familiar, que es una característica única de nuestra era presente. Sus efectos finales serán similares a los del rollo que Zacarías vio en su visión: la erosión de naciones completas e incluso de una civilización entera.

Antes que él, Hageo había dado un igualmente gráfico cuadro de la ruina que estaba afectando la vida de su pueblo:

> *¿Es para vosotros tiempo, para vosotros, de habitar en vuestras casas artesonadas, y esta casa está desierta? Pues así ha dicho Jehová de los ejércitos: "Meditad bien sobre vuestros caminos. Sembráis mucho, y recogéis poco; coméis y no os saciáis; bebéis, y no quedáis satisfechos; os vestís, y no os calentáis; y el que trabaja a jornal recibe su jornal en saco roto.*
>
> Hageo 1:4-6

La maldición que describe Hageo puede resumirse en una palabra: "insuficiencia". De acuerdo con todas las apariencias exteriores, los israelitas tenían todo lo que requerían para satisfacer sus principales necesidades materiales. Pero por alguna razón que no comprendían, siempre les faltaba algo. Dios les había mandado un profeta para mostrarles que la fuerza invisible que erosionaba sus provisiones era una maldición que habían traído sobre sí por anteponer sus propias preocupaciones egoístas antes que las necesidades de la casa de Dios.

Muchas de las naciones solventes del mundo de hoy enfrentan una situación similar. La mayoría de la gente gana mucho más de lo que sus padres o abuelos ganaron jamás. Sin embargo, mientras las generaciones previas disfrutaron de una sensación de seguridad y contentamiento, la presente generación está plagada de un ansia incesante que nunca se satisface. En algunas de estas naciones, el nivel de endeudamiento personal es más alto que nunca.

Malaquías, el último de los tres profetas, combina los cargos ya presentados contra Israel por sus dos predecesores.

Acusa a su pueblo no sólo de una actitud equivocada hacia Dios, sino también de robo en su forma más grave: robar no únicamente a los hombres, ¡sino incluso al mismo Dios!

> *¿Robará el hombre a Dios? Pues vosotros me habéis robado. Y dijisteis: "¿En qué te hemos robado?" En vuestros diezmos y ofrendas. Malditos sois con maldición, porque vosotros, la nación toda, me habéis robado.*
>
> Malaquías 3:8-9

Este pasaje revela un principio que gobierna los tratos de Dios en cada era y dispensación: Dios mantiene un registro de lo que su pueblo le ofrece a él. Más de mil años antes, Dios había ordenado que Israel debía apartar para él la primera décima parte de su ingreso total, en efectivo o en especie. Era un sello importante de su pacto con Dios. La desobediencia en esto era una ruptura de su pacto.

Ahora, por medio de Malaquías, Dios les pasa su cuenta. Con respecto a todo lo que su pueblo ha retenido ilegalmente, los acusa de "robo". Señala que esto ha traído una maldición de ruina sobre toda la nación y en cada sector de sus vidas.

Pero Dios no termina con esta nota negativa. En el siguiente versículo da instrucciones a su pueblo de cómo puede salirse de esta maldición y entrar en su bendición:

> *Traed todos los diezmos al alfolí y haya alimento en mi casa; y probadme ahora en esto, dice Jehová de los ejércitos, si no os abriré las ventanas de los cielos, y derramaré sobre vosotros bendición hasta que sobreabunde.*
>
> Malaquías 3:10

Para pasar de la maldición a la bendición, Dios requiere de su pueblo dos cosas: arrepentimiento y restitución. En todo caso de robo, estos requisitos jamás varían, tanto si es Dios o un hombre quien ha sido robado.

En el Nuevo Testamento, Dios no establece una ley específica, como la del Antiguo Testamento, ordenando a los cristianos que aparten para él un diezmo de su ingreso total. El pacto de la gracia no opera mediante leyes impuestas desde fuera, sino mediante leyes escritas por el Espíritu Santo en los corazones de los creyentes. En 2 Corintios 9:7 Pablo instruye a los cristianos: *Cada uno dé como propuso en su corazón: no con tristeza, ni por necesidad.*

Una cosa, sin embargo, es cierta: el Espíritu Santo jamás hará que un creyente sea mezquino. En el Salmo 51:12 David ora al Señor: *Vuélveme el gozo de tu salvación, y espíritu noble me sustente.* Una característica distintiva del Espíritu Santo es la nobleza y la generosidad. Dios mismo es el mayor de todos los dadores. Cuando su Espíritu se mueve en los corazones de su pueblo, los hará como él es: dadores generosos.

En Hebreos 8:6 el escritor compara el Antiguo y el Nuevo Pacto, y recuerda a los cristianos que ellos han entrado en "un mejor pacto, establecido sobre mejores promesas". Es inconcebible que la gente que disfruta de este mejor pacto pueda ser menos generosa cuando da a Dios, que quienes estaban bajo un pacto inferior. Si el pueblo de Dios bajo la ley le daba sus diezmos —y mucho más— ¿cómo podrían los cristianos bajo la gracia justificar dar menos? Las normas de la gracia son más altas, no más bajas, que las de la ley.

A lo largo de todas las dispensaciones, se mantiene inalterable un principio básico: la mezquindad hacia Dios provoca su maldición, pero la liberalidad libera su bendición.

11

Las figuras de autoridad

Tanto las bendiciones como las maldiciones son parte de una vasta e invisible esfera espiritual, que afecta la vida de todos y cada uno de nosotros. Un factor central y decisivo en esta esfera es la *autoridad.* Sin entender los principios de autoridad, es imposible comprender la esfera del espíritu o funcionar con efectividad en ella.

El siglo veinte ha presenciado una revuelta casi mundial contra las formas de autoridad que habían sido generalmente reconocidas por la humanidad durante milenios. Grandes sectores de la estructura social han sido afectados, incluso la familia, la iglesia y las diversas ramas del gobierno secular.

La gente con frecuencia presume que esta revuelta ha cambiado o abolido estas formas de autoridad, pero *no es así.* Los principios que gobiernan el ejercicio de la autoridad son tan objetivos y universales como la ley de la gravedad.

Una persona en actitud rebelde puede decidir rechazar la ley de la gravedad y saltar desde la ventana de un décimo piso. Pero su rechazo de esa ley en modo alguno cambia o invalida la misma. De todos modos caerá para morir en la acera abajo. Lo mismo se aplica a las leyes que gobiernan el ejercicio de la autoridad. La gente puede no hacerles caso o rechazarlas, pero ellas seguirán determinando el curso de sus vidas, las reconozcan o no.

En todo el universo hay una sola, única y suprema fuente de autoridad: Dios el Creador. Sin embargo, por lo general Dios no ejerce su autoridad directamente, sino que la delega en otros que él escoge. Después que Jesús resucitó de los muertos, dijo a sus discípulos:

> *Toda potestad [autoridad] me es dada en el cielo y en la tierra.*
>
> Mateo 28:18

Desde aquel momento, Dios ha colocado toda autoridad en las manos de Cristo. Pero Cristo, a su vez, delega en otros la autoridad que ha recibido del Padre.

Por eso, la autoridad en todo el universo puede describirse como un cable sumamente fuerte, que desciende desde Dios el Padre hasta Jesucristo. En las manos de Cristo, el cable se separa en incontables cables menores que alcanzan a las personas a quienes él ha designado —tanto angélicas como humanas— en diversas partes del universo.

Un término utilizado en la Biblia para denotar a una persona que ejerce autoridad es "cabeza". Por ejemplo, en I Corintios 11:3 Pablo escribe:

> *Pero quiero que sepáis que Cristo es la cabeza de todo varón, y el varón es la cabeza de la mujer, y Dios la cabeza de Cristo.*

Con esta analogía de liderazgo, Pablo describe un "cable" de autoridad que se origina en Dios el Padre, desciende hasta Cristo y desde Cristo al hombre que desempeña el papel de esposo y padre en una familia. En virtud de esta relación, el hombre es la autoridad designada en su hogar.

En las relaciones sociales humanas, el esposo/padre es el primer ejemplo de una persona designada para ejercer autoridad. Sin embargo, hay muchas otras figuras de autoridad reconocidas: un gobernante sobre su pueblo; un comandante militar sobre sus soldados; un maestro sobre sus discípulos; un pastor sobre los miembros de su congregación.

El único que tiene autoridad "absoluta" es Dios. Todas las otras formas de autoridad están sujetas a limitaciones de diversas clases. La autoridad delegada es válida sólo "dentro de una esfera dada". Por ejemplo, la autoridad de un gobernante está limitada normalmente por las leyes de su nación y no se extiende a los sectores "privados" en la vida de sus súbditos. La autoridad de un padre sobre su familia no le permite infringir las leyes del gobierno secular. Un maestro tiene autoridad sobre sus discípulos sólo dentro de los límites de la vida escolar. Un pastor tiene autoridad sobre su congregación únicamente en los asuntos gobernados por la forma de religión que la congregación ha aceptado.

Todos los ejemplos anteriores son generalidades. Para ser completamente precisos sería necesario añadir muchas otras calificaciones y restricciones. También pudiera haber casos en que se superpongan dos formas de autoridad, dando lugar a conflictos. No obstante, los ejemplos dados son suficientes para establecer los principios básicos que gobiernan el ejercicio de la autoridad.

Por lo regular, se presume que cuando quiera que se abusa la autoridad, ésta queda cancelada automáticamente. Puede ser que esto suceda en casos extremos, pero normalmente no es así. Para tener cualquier clase de vida social es necesario contar con alguna forma básica de autoridad. La autoridad que es abusada puede sufrir muchas dificultades, pero incluso así, es mejor que la otra opción, que es la anarquía.[1]

---

1. El Diccionario de la Academia define anarquía como: 1. Falta de todo gobierno en un Estado. 2. Desorden, confusión, por ausencia o flaqueza de la autoridad pública. 3. Por ext., desconcierto, incoherencia, barullo, en cosas necesitadas de ordenación.

Hoy en muchas ciudades, el aire que se respira se ha vuelto tan contaminado que es peligroso para la salud. Pero por esa razón Dios no ha quitado todo el aire de esas áreas de la superficie de la tierra. Incluso el aire contaminado es preferible a no tener aire alguno. De la misma forma, incluso la autoridad abusada es mejor que la anarquía.

Una forma importante en que una persona puede ejercer autoridad es bendiciendo a quienes están bajo su autoridad. Génesis 27 registra la tremenda importancia que tanto Jacob como Esaú atribuyeron a la bendición de su padre, Isaac. Y por muy buena razón, puesto que desde entonces, la historia de sus descendientes ha sido determinada siempre por las palabras que Isaac pronunció sobre cada uno de ellos en aquel momento. Tampoco Isaac es una excepción aislada. Por el contrario, de un extremo a otro de la Biblia, la bendición de un padre se considera sólo menos importante que la del mismo Dios.

Implícita en la autoridad de bendecir, sin embargo, está también la de maldecir. La bendición y la maldición jamás se pueden separar una de la otra, como tampoco el calor del frío o el día de la noche. Esto significa que las personas con autoridad pueden ejercerla en una de dos formas: para bendecir o para maldecir. La misma autoridad que hace efectiva una bendición, hace igualmente efectiva una maldición.

La vida familiar de Jacob es un ejemplo notable. Génesis 31 relata cómo Jacob, con sus dos esposas, dos concubinas y once hijos, salió furtivamente de la casa de su tío Labán en Mesopotamia y se dirigió de regreso a la tierra de Canaán. Sin embargo, Labán, en compañía de sus parientes, salió en su persecución y lo alcanzó en el monte de Galaad. Hubo entonces una confrontación entre ellos, en que Labán acusó a Jacob de robar sus *terafim* (imágenes domésticas o "dioses" usados para la adivinación y que se suponía "protegían" un hogar de las fuerzas malignas).

Lo que Jacob no sabía era que Raquel, la esposa que él amaba con más ternura, había tomado secretamente las imágenes. En consecuencia, Jacob reaccionó indignado a la acusación de Labán; lo retó a registrar todas las posesiones de su familia, y entonces —a fin de hacer hincapié su inocencia— agregó lo que en efecto era una maldición:

> *Aquél en cuyo poder hallares tus dioses no viva.*
>
> Génesis 31:32

Labán procedió a buscar en todas las posesiones de la familia de Jacob, pero Raquel se las ingenió para mantener escondidos los *terafim.* No obstante, las palabras de la maldición de Jacob estaban cargadas con la autoridad de un esposo. Eran equivalentes a una sentencia de muerte sobre la persona que había robado las imágenes. El hecho que Jacob no se percatara de que sus palabras estaban dirigidas contra Raquel, no impidió que la maldición surtiera efecto. Poco después, al dar a luz a su segundo hijo, Raquel murió en el parto. (Ver Génesis 35:16-19.) ¡Tal es la autoridad de un esposo, tanto para bendecir como para maldecir!

Debe añadirse que, al apoderarse de los falsos "dioses", Raquel había traspasado la frontera de la idolatría y de lo oculto. De este modo, con su propio acto, ella había despreciado ya la protección de Dios y se había expuesto a la maldición que inevitablemente sigue a la participación en el ocultismo. Este es un claro ejemplo de que las leyes que gobiernan las bendiciones y las maldiciones son —en su propia esfera— tan reales y tan objetivas como la ley de la gravedad. Actúan, tanto si la gente las reconocen como si no.

En los planes de Dios para el matrimonio, el esposo y la esposa se convierten en "una sola carne", fundiendo así sus identidades separadas en una nueva unidad. En base a esto, un esposo naturalmente incluye a su esposa en la autoridad que juntos comparten sobre sus hijos. Si no lo hacen así, el esposo puede volverse arbitrario o despótico.

Hoy, sin embargo, es más común que un esposo vaya al extremo opuesto y reniegue de sus responsabilidades hacia su esposa e hijos, e incluso los abandone por completo. En semejantes circunstancias, la esposa tiene que llevar sola una carga que debería ser compartida juntamente por los dos. El resultado es con frecuencia una desintegración de toda la estructura familiar. A las esposas cristianas que se encuentran en esta situación se les debe dar todo el crédito, porque con fe, oración y la gracia de Dios, cargan con éxito el peso adicional que se les ha echado encima.

En el caso de Jacob, él no sabía que las palabras que había pronunciado estaban dirigidas contra Raquel. En nuestra cultura contemporánea, sin embargo, a menudo sucede que un esposo, con plena conciencia y deliberadamente, dirige amargas y aplastantes palabras contra su esposa. He aquí un ejemplo típico:

Mary, a quien su madre jamás enseñó a realizar las tareas domésticas, se casa con Jack, un ejecutivo en el mundo de los negocios con mal genio. Mary nunca tiene éxito en su intento de servir los alimentos de modo que sean sabrosos o atractivos. Durante un tiempo Jack se controla y contiene su impaciencia. Finalmente, explota y deja salir su frustración: "¡Me da asco la forma en que sirves nuestras comidas! ¡Jamás aprenderás a cocinar!" Repite esto —con variaciones— en muchas ocasiones subsecuentes.

De ahí en adelante, las manos de Mary tiemblan cuando trae los alimentos a la mesa. Las comidas se convierten en una experiencia penosa de la que ella desea escapar. Después de algunos años, el matrimonio se deshace. Pero la maldición pronunciada por Jack sigue a Mary por el resto de su vida. Aunque sea inteligente y tenga éxito en otras cosas, jamás aprende a cocinar. Cada vez que entra en una cocina, la asalta algo tenebroso que inhibe su capacidad natural. Hay una sola solución para ella: reconocer el hecho de que su esposo puso una maldición sobre ella y buscar la liberación que Dios ha provisto.

Sin embargo, sucede también que Jack ha pronunciado una maldición sobre sí mismo, sin saberlo. Desde el momento en que dice: "Me da asco la forma en que sirves nuestras comidas", empieza a desarrollar una indigestión crónica, para la que los médicos no pueden encontrar una causa natural ni curación. Igual que la incapacidad de Mary para cocinar, la indigestión de Jack lo sigue hasta el fin de sus días. (En el capítulo 12 trataré de este importante tema de las maldiciones "autoimpuestas".)

Obviamente, hay muchas variaciones de la historia de Jack y Mary. El problema de Mary puede ser el sobrepeso. El comentario de Jack pudiera ser éste: "Lo que pasa es que no tienes la voluntad que hace falta para bajar de peso. Serás gorda el resto de tu vida".

O quizás Mary puede ser una de esas mujeres que no saben manejar el dinero. Su cantidad presupuestada se gasta antes que termine la semana. Jamás tiene éxito en cuadrar su chequera. Jack puede darle rienda suelta a su frustración diciendo: "Un niño de cuarto grado puede manejar el dinero mejor que tú. No mereces prosperar. Seguirás luchando por sobrevivir el resto de tu vida".

Imagínese otra pareja: Jim y Jane. El lenguaje de Jim es mucho más brutal que el de Jack. Con frecuencia finaliza sus enconadas discusiones diciendo: "¡Odio hasta tus entrañas!" En los años que siguen al inevitable divorcio, Jane tiene que operarse el abdomen por tres causas sucesivas y diferentes, sin relación unas con otras.

El diagnóstico correcto para todos los tres problemas de Jane está en Proverbios 12:18:

> *Hay hombres cuyas palabras son como golpes de espada.*

Hizo falta el escalpelo de un cirujano para lidiar con las heridas invisibles que Jim había infligido con sus implacables palabras.

Palabras como las que Jack usa contra Mary —o Jim contra Jane— proceden de humores que pueden ir desde la impaciencia al enojo y a la ira. Por lo regular hay presión demoníaca tras ellas. Son como flechas con puntas serradas y envenenadas. Una vez que penetran en la carne, las púas hacen difícil arrancarlas. Pero si se dejan adentro, el veneno se esparce por todo el interior.

Mayor aún que la autoridad de un hombre sobre su esposa es la de un padre sobre sus hijos. Esta es la más básica de todas las relaciones de autoridad. Es en realidad una extensión de la eterna relación del Padre con el Hijo dentro de la Divinidad.

Tal como la bendición de un padre tiene un poder inconmensurable para el bien, así también la maldición de un padre tiene un poder equivalente para el mal. Algunas veces semejante maldición puede ser pronunciada deliberadamente. Con más frecuencia, quizás —como en la relación de un esposo con su esposa— un padre puede pronunciar palabras sobre un hijo que no están deliberadamente destinadas para ser una maldición, pero de todas formas tienen el mismo efecto. Cada uno de los ejemplos que doy a continuación están sacados de elementos que he encontrado en situaciones de la vida real.

Un padre tiene tres hijos. El primogénito es bienvenido sólo por eso: por ser el primero. El menor tiene un talento original y una personalidad extrovertida. Pero el hijo del medio no tiene ninguna de esas ventajas en su favor. Cavila tristemente las incomprensiones, pero calla sus sentimientos. Además, el padre ve en él aspectos de su propio carácter que no le gustan, pero que nunca ha querido enfrentar en su propia vida. Le resulta menos doloroso condenarlos en su hijo que en él mismo.

Como resultado, el hijo del medio nunca tiene la sensación de que su padre lo aprueba. Al final, ya no trata de conseguirla. Su padre interpreta esto como testarudez. Con más y más frecuencia deja escapar su desaprobación en palabras como estas: "¡Ni siquiera tratas! ¡Eres un vago! ¡Nunca llegarás a nada bueno!" Poco se imagina él que está condenando a su hijo a un destino terrible que puede seguirlo el resto de su vida.

Es imposible llevar cuenta de los hombres que he encontrado personalmente cuyas vidas habían sido arruinadas por las palabras negativas, críticas y destructivas de su padre. De estos encuentros he aprendido que semejantes palabras son, en realidad, una *maldición*. El paso del tiempo no disminuye su efecto. Hombres que pasan de la mediana edad todavía pueden ver sus vidas arruinadas por las palabras que un padre pronunció sobre ellos en la niñez. La única solución efectiva es lidiar con ellas específicamente como una maldición, y aplicar el remedio que Dios ha provisto.

En cuanto a los casos de Jack y Mary, o de Jim y Jane, hay muchas y diferentes variaciones de la misma situación. Un padre que es hábil con las manos, por ejemplo, puede tener un hijo que es lento en desarrollar habilidades manuales. Después que el hijo ha fracasado en varios trabajos manuales asignados a él, su padre exclama: "¡Manos torpes!" o "¡Tienes dos manos zurdas!"

El padre puede pronunciar estas palabras en broma, sin enojo. Sin embargo, hacen un impacto permanente en su hijo. Treinta años después, todavía se confunde o se traba cada vez que se enfrenta con el más simple trabajo manual. Esta sigue siendo una dimensión de su vida en la que jamás tiene éxito. No obstante, la raíz del problema puede ser, no tanto la falta de habilidad, como la falta de confianza. Nunca ha podido recuperar la confianza que su padre, sin intención, destruyó en su niñez.

Las hijas, también, como los hijos, pueden sufrir los efectos de las palabras negativas de un padre. Una adolescente, por ejemplo, agudamente consciente de su acné, pasa horas cada mañana frente al espejo, luchando por cubrir los granos con diferentes tipos de crema para el cutis. Su padre, esperando para llevarla en el auto a la escuela, se irrita cada vez más porque no está lista a tiempo. Un día, cuando la hija se tarda más que de costumbre, su irritación explota: "¡Estás perdiendo tu tiempo frente a ese espejo!" grita. "¡Jamás te librarás de esos granos!"

Veinte años después, la hija —ahora casada y con hijos propios— todavía lucha en vano por cubrir su acné.

Las palabras enconadas y airadas — sean dichas por un esposo a su esposa o por un padre a su hijo— son, por lo general, el resultado de un período de creciente tensión interna. Es como una tetera en la estufa que silba cuando hierve. Al principio, la presión sube adentro sin indicaciones externas. Pero cuando el agua llega al punto de ebullición, expulsa el vapor y suena el silbato. Después de eso, no hay forma de callar el silbato. El único remedio es quitar la tetera de la estufa y dejar que el agua se enfríe.

Para un cristiano, esto significa volverse a Dios con una urgente oración interior: "Señor, estoy empezando a perder los estribos, pero te entrego mi espíritu. ¡Hazte cargo, por favor de la situación!"

De otra forma, cuando la irritación y el enojo siguen acumulándose dentro de una persona, al final explotarán, como el vapor, en palabras hirientes y dolorosas. La maldición que las acompaña es como el silbato. Una vez que se ha activado, no hay forma de callarlo. Entonces la única solución es reconocer que se ha pronunciado una maldición, y pedir la ayuda de Dios para revocarla.

Una madre, también, tiene autoridad sobre sus hijos, que es compartida con su esposo o delegada por él. Algunas veces, sin embargo, una madre no está satisfecha con el ejercicio legítimo de su autoridad. En vez de eso, aprovecha el afecto y la lealtad de sus hijos para obtener control ilegítimo sobre ellos y dirigir el curso de sus vidas. ¡Otro ejemplo de "hechicería"! Esto es particularmente evidente cuando sus hijos llegan a escoger sus compañeras. Si la madre aprueba su elección, es toda dulzura. Pero si las desaprueba, aparece otra faceta de su carácter totalmente diferente.

En los acápites siguientes, un esposo y una esposa relatan cada uno sus experiencias, consecuencias de una maldición que pronunció la madre de ella cuando se casaron. En primer plano describen, ante todo, los efectos que la maldición tuvo sobre cada uno de ellos; después, cómo se percataron de la maldición y dieron los pasos bíblicos para ser liberados de ella.

Esposo

Vivir bajo una maldición es como vivir en un vapor: pueden verse los efectos, pero no tienen una forma clara ni sustancia. Aunque uno alcance el éxito, siente sólo "frustración" y "desesperanza".

Para mí, las bendiciones de Dios siempre parecían algo remoto e inalcanzable. A menudo percibía la presencia del Señor y me movía en los dones espirituales, pero la satisfacción en el ministerio y en la vida siempre parecían estar fuera de mi alcance. Mi esposa y mis hijos padecían de insistentes problemas de salud, y el dinero nunca alcanzaba (aún cuando diezmábamos, ofrendábamos y vivíamos con frugalidad). Aunque yo sabía claramente el ministerio al que Dios me había llamado, no podía tomar posesión de él. La mayor parte de mi trabajo parecía terminar con el mínimo de fruto. Podía empezar cosas, pero no podía terminarlas. Parecía como si estuviera enfrentando alguna resistencia invisible.

Esta lucha siguió por años. Entonces un día le explicaba la situación a un grupo de ministros colegas, en el cual estaba Derek Prince. Ellos discernieron que había una maldición sobre mi familia proveniente de mi suegra. Dejaré que mi esposa lo explique:

Esposa

Recién casada pasé dos días en oración y ayuno. Sentí que el Señor me mostraba que había una maldición en mi familia. Mi esposo y yo acabábamos de recibir el bautismo del Espíritu Santo y jamás habíamos oído hablar de maldiciones. Nuestra experiencia, cuando buscamos librarnos, puede compararse a pelar las capas de una cebolla.

Esta maldición se movía alrededor de un espíritu de hechicería que ha operado en las mujeres de mi familia, especialmente de mi madre. Mi familia iba a la iglesia, era moral y muy "normal", pero la hechicería obraba sutilmente para minar la autoridad de los hombres en ella, mientras se manipulaba a los otros miembros de la familia.

Yo no me había dado cuenta de la magnitud del control de mi madre hasta que me comprometí. Cuando mi lealtad empezó a cambiar hacia mi futuro esposo, pude percibir su creciente resentimiento. Fue entonces cuando mi madre dijo: "El nunca ganará dinero y tú tendrás que trabajar el resto de tu vida". Durante todos los años de nuestro matrimonio luché contra esa "maldición". Yo estaba determinada a "probarla" equivocada no trabajando fuera de casa, pero, en realidad yo estaba controlada por aquello, ¡pues no tenía libertad para conseguir empleo! También mi marido y yo nunca podíamos visualizar nuestra prosperidad, y teníamos continuos problemas económicos.

Poco después de casarnos, mi madre dijo: "Tú sabes que no eres una persona físicamente fuerte". ¡Sentí como si alguien me hubiera golpeado en la cabeza! Lo que ella dijo fue un golpe para mí, porque jamás me había tenido por una persona enfermiza. Por el contrario, siempre había sido saludable y atlética. Así que empecé a creer que quizás había estado equivocada, y que en realidad no era físicamente fuerte... A partir de entonces he luchado contra muchos padecimientos físicos, algunos de ellos de larga duración. También luché porque estaba respondiendo a mi propio esposo e hijos en algunas de las formas que mi madre usaba. Esto me producía una sensación de desesperanza. ¿Cómo librarme por completo de esta maldición? La hechicería había controlado muchas generaciones de mi familia. Parecía que el espíritu asociado con ella creía de veras que tenía derecho a dominarme y, en realidad, ¡creía que yo era *propiedad* suya!

Dondequiera que me ministraban para librarme, este espíritu me murmuraba al oído que jamás lo haría por completo. Yo culpaba a mi madre...

Mediante un lento proceso de revelación y liberación "capa tras capa", llegué a entender que mi enemigo *no* es mi madre. La he perdonado, y reconozco que la maldición de hechicería había estado influyendo en las dos.

Desde que recibí ministerio específicamente para romper estas maldiciones, he tenido que aprender a combatir antiguas ideas y normas de conducta. Ahora a diario declaro confiada: "Mediante la ofrenda del sacrificio de Cristo en la cruz, he sido comprada y sacada de la maldición y he entrado en la bendición de Abraham, a quien Dios bendijo en todas las cosas" (Gálatas 3:13-14). *¡Cristo me ha redimido de la maldición!*

Esposo

Después de la oración para romper las maldiciones, se sintió un perceptible despejo en la atmósfera. Los cambios no han sido espectaculares ni inmediatos, pero han sido reales. Hay una sensación de *dirección* en mi vida. Hay *progreso.* Siento que tengo control sobre mi vida de acuerdo con las Escrituras y que puedo ocupar el lugar que me corresponde en mi familia. También puedo percibir productividad y fruto como resultado de mi labor.

Y lo más importante para mí: hay *esperanza.* las tinieblas nebulosas del futuro han sido reemplazadas por el entusiasmo y el gozo por lo que Dios está haciendo. ¡La "niebla" se está aclarando!

Es importante ver que la suegra no estaba consciente de todos los efectos que sus palabras tenían sobre su hija y su yerno. Ella misma era prisionera de una fuerza espiritual que venía de sus antepasados. Es muy posible que hubiera afectado a esa familia durante muchas generaciones. La misericordia de Dios proporcionó una vía para librarse de su control.

La vida escolar es otro sector en que las relaciones de autoridad son importantes, aunque la autoridad de un maestro sobre sus alumnos no es tan perfilada como la de un padre. Las palabras negativas pronunciadas por un maestro a un alumno pueden tener el mismo efecto destructor que si hubiesen sido dichas por un padre. Por ejemplo, un maestro puede llegar a exasperarse con un alumno que es distraído y lento para aprender, y explotar en reproches como este: "¡Nunca podrás leer como es debido!" o "¡Siempre entiendes las cosas al revés: Jamás tendrás éxito!"

Con toda probabilidad, el maestro no está consciente del peligro que encierran esas palabras y nunca verá el resultado que provocan después en la vida del alumno. Sin embargo, he conocido hombres y mujeres mayores que han luchado toda su vida contra el efecto de las palabras pronunciadas por un maestro de primaria. Recuerdo una devota mujer cristiana perseguida durante cuarenta años por un complejo de inferioridad que se remontaba a un comentario hecho por una maestra que le dijo: "¡Eres superficial!" En realidad, sería difícil encontrar alguien a quien esas palabras le fueran menos apropiadas.

Hasta ahora hemos dado ejemplos del posible efecto destructor de palabras pronunciadas por quienes tienen autoridad derivada de una relación personal. Las relaciones específicas —escogidas sólo como ejemplos— fueron las de esposo, padre, madre y maestro de escuela. Hay un rasgo característico, común a los diferentes modos en que estas figuras de autoridad se expresan: Puede resumirse en una breve frase: "¡Nunca prosperarás... o nunca tendrás éxito!"

Es por cierto significativo que Moisés, al describir a Israel el resultado de la "maldición de la ley", usara precisamente las mismas palabras:

Y no serás prosperado en tus caminos.

Deuteronomio 28:29

En cuanto a mí, cada vez que oigo a una persona usar esas palabras, me pongo en guardia contra la posibilidad de que se haya pronunciado una maldición.

La religión es otra dimensión principal donde las personas que ocupan ciertos cargos reciben autoridad. Como consecuencia, sus palabras tienen un poder para el bien o para el mal que corresponde con la autoridad de su cargo. Durante muchos siglos en Europa, una de las principales armas que usaban los papas de la Iglesia Católica Romana era su excomunión papal (o sea, *maldición*), que proclamaban contra todos los que consideraban herejes. Sería imposible escribir una historia exacta de Europa, sin tener en cuenta los efectos de esta excomunión papal. Incluso los gobernantes de las naciones la temían más que a una verdadera declaración de guerra.

En el sector Protestante de la Iglesia, jamás nadie ha tenido una autoridad equivalente a la del papa. No obstante, donde quiera que haya autoridad eclesiástica, hay siempre la posibilidad de su uso indebido. Incluso el pastor de una iglesita "independiente", con sólo un puñado de miembros, puede pronunciar palabras que son, por su efecto, una maldición.

Recuerdo a un hombre con una excelente capacidad para los negocios —llamémosle Frank— quien vino buscando asesoramiento. Había pasado diez años de frustración en que nada le salió bien y en los que a duras penas pudo mantener a su esposa e hijos. Le pregunté a Frank si en su vida había pasado algo durante la época en que las cosas empezaron a irle mal. Se acordó que en aquel tiempo él y su familia asistían a una iglesita independiente. Después de varios desacuerdos con el pastor, se retiraron de ella.

Puesto que la familia era una de las principales fuentes de ingreso de la iglesia, el pastor reaccionó con miedo e inseguridad. El último intercambio de palabras entre Frank y el pastor fue agrio por ambos lados. Finalmente el pastor terminó diciendo: "Dios los puso en esta iglesia. Si se van, se apartarán de su voluntad. ¡Nada les irá bien!"

Efectivamente, a partir de aquel momento, nada le salió bien a Frank. Afortunadamente, cuando comprendió la causa de sus frustraciones, pudo liberarse de la maldición pastoral. Pero primero tuvo que perdonar al pastor y arreglarse con él. Después de eso, el curso de la vida de Frank cambió para lo mejor.

El caso de Frank no es excepcional. Me he encontrado una cantidad asombrosa de personas que han atravesado situaciones similares. Casi invariablemente, el pastor ha tomado la misma actitud: "Dios los puso en esta congregación. Si se van, ¡jamás prosperarán!" (¡Observe esas familiares palabras!) Pero gracias a Dios, él ha provisto una solución; para ambos bandos en disputa.

En 1985, mientras ministraba en Australia, me enfrenté con los efectos de una maldición eclesiástica que había persistido por más de tres siglos. Una mujer —a quien llamaré Margaret— me oyó enseñar acerca del tema de las bendiciones y las maldiciones. Al final de mi mensaje, reconociendo la clara evidencia que en su familia actuaba una maldición, Margaret se puso en pie —con muchos otros— y repitió la oración de liberación. Más tarde, me envió una carta explicándome los antecedentes de su caso.

Sus antepasados eran escoceses, de un clan llamado Nyxon. En el siglo XVII este clan había estado involucrado en guerras fronterizas entre ingleses y escoceses. Como resultado, el Obispo de Escocia (nombrado por los ingleses) había pronunciado una maldición sobre todo el clan Nyxon. Margaret me incluyó una copia de la maldición, que decretaba —entre otras cosas— que los miembros del clan debían ser colgados, arrastrados y descuartizados, y sus entrañas echadas a los perros y los cerdos. Después que el clan fue derrotado en batalla, se cumplió esta sentencia con todos los miembros que fueron capturados vivos.

Dos años después de su liberación, a mi regreso a Australia, vi brevemente a Margaret. Después me escribiría esta carta:

> Gracias mil por haber orado por mí y mi familia, y por darnos la palabra profética de Dios mientras estuvo en Melbourne. Me preguntó si mi familia había cambiado después de la liberación de la maldición. No tuve tiempo de contarle cuando hablamos, pero ¡sí! Toda mi familia: mi esposo, mis dos hijas (23 y 24 años) y mi hijo (21) han conocido al Señor en estos dos años y ahora nos hemos incorporado a una iglesia del evangelio completo aquí en Melbourne.

¡Qué testimonio tan asombroso del poder de una maldición! Siguió al clan Nyxon a lo largo de tres siglos, y a la rama de Margaret, al otro lado del mundo, desde Gran Bretaña hasta Australia. Una vez que se hubo identificado y revocado la maldición, se quitó la barrera invisible que impedía que la bendición de Dios llegara a Margaret y a su familia, y toda su familia alcanzó la salvación.

Naturalmente, esto hace surgir la pregunta: *¿Cuántas otras familias son impedidas en la salvación por causa de una maldición que se desconoce?*

12

Maldiciones autoimpuestas

En uno de los ejemplos del capítulo anterior, Jack dijo a su esposa: "Me da asco la forma en que sirves nuestras comidas". Con estas palabras, sin quererlo, trajo sobre sí mismo una maldición de indigestión que siguió afligiéndolo por el resto de su vida.

Con este ejemplo en mente, es tiempo ahora de examinar más cuidadosamente todo este campo de las "maldiciones autoimpuestas". Es de vital importancia para todos los que están preocupados por su bienestar personal. Esto pone de relieve, de una manera única, el terrible poder de las palabras que pronunciamos acerca de nosotros mismos. Con frecuencia son como bumerangs, que regresan volando para golpear al mismo que las pronunció.

En Mateo 12:36-37 Jesús da una solemne advertencia acerca de las palabras habladas con ligereza:

> *Mas yo os digo que de toda palabra ociosa que hablen los hombres, de ella darán cuenta en el día del juicio.*

Porque por tus palabras serás justificado, y por tus palabras serás condenado.

Jesús se concentra aquí en las "palabras ociosas"; o sea, en palabras habladas a la ligera, sin premeditación. A menudo, cuando una persona hace un comentario negativo o insensato acerca de sí misma, añade la excusa: "Pero en realidad no lo decía en serio". Mas es precisamente contra palabras de esa clase, que la gente "realmente no dice en serio", que Jesús nos advierte. El hecho de que quien hable "no quiera decirlas de veras", en modo alguno reduce o revoca el efecto de sus palabras. Ni lo libra de dar cuenta por ellas.

En Proverbios 6:2 Salomón advierte a una persona que imprudentemente ha salido fiador por un vecino:

Te has enlazado con las palabras de tu boca, y has quedado preso en los dichos de tus labios.

Este es sólo uno de los incontables modos en que la gente queda "presa en los dichos de sus labios". Fácilmente podemos quedar presos en una trampa de esta clase sin darnos cuenta, pero para poder librarnos es preciso aplicar conscientemente los principios bíblicos. Necesitamos recordar que Dios toma nuestras palabras muy en serio, aunque nosotros mismos no lo hagamos.

Marcos 14:66-72 describe cómo, en el patio del sumo sacerdote, Pedro niega tres veces que él sea discípulo de Jesús. Para reforzar su tercera negación llega "a maldecir y a jurar". En otras palabras, invoca una maldición sobre sí.

Pedro siente inmediatamente remordimientos, pero es dudoso que aun así comprendiera todas las implicaciones que traían sus propias palabras. Tres días después, en la tumba vacía, los ángeles dicen a las mujeres:

Id, decid a sus discípulos, y a Pedro, que él va delante de vosotros a Galilea.

Marcos 16:7

Pedro ya no era reconocido como uno de los discípulos. Por sus propias palabras había perdido su derecho de ser un discípulo de Jesús.

Más tarde, en Juan 21:15-17 se cuenta cómo, junto al mar de Galilea, Jesús bondadosamente abre el camino para que Pedro reasuma su posición como discípulo: El pregunta tres veces a Pedro: "¿Me amas?" Pedro responde cada vez afirmativamente, pero le duele que Jesús se lo pregunte tres veces. No comprende que Jesús lo estaba guiando en su camino para revocar sus anteriores negaciones. Por cada vez que había hecho una confesión indebida, ahora hacía la confesión adecuada. Sobre este fundamento, quedaba restaurado como discípulo.

La forma en que Jesús trata con Pedro establece un patrón para todo el que necesita ser librado de los lazos de una confesión equivocada. Hay tres pasos sucesivos: Arrepentirse; revocar; reemplazar. Primero, tenemos que reconocer que hemos confesado algo malo y *arrepentirnos.* Segundo, tenemos que *revocarlo;* o sea, tenemos que desdecir, o cancelar, lo que sea que dijimos que estuviera mal. Tercero, tenemos que *reemplazar* nuestra mala confesión anterior con una correcta. Estos tres pasos, tomados en fe, pueden sacarnos de la trampa.

Génesis 27:12-13 nos proporciona otro ejemplo de maldición autoimpuesta. Rebeca había persuadido a su hijo Jacob para que engañara a Isaac, su padre, que estaba ciego, a fin de lograr que obtuviera su bendición (que Isaac tenía intenciones de pronunciar sobre su otro hijo, Esaú). Jacob anhelaba la bendición, pero temía las consecuencias si Isaac descubría su engaño.

> *"Quizás me palpará mi padre, y me tendrá por burlador, y traeré sobre mí maldición y no bendición".*
> *Y su madre respondió: "Hijo mío, sea sobre mí tu maldición".*

El plan de Rebeca para obtener la bendición sobre Jacob tuvo éxito, pero sus propias palabras la expusieron a una maldición que le impidió disfrutar del fruto de su éxito. Su ánimo cambió en seguida al pesimismo y al cinismo. Poco después la oímos decir:

> *Fastidio tengo de mi vida, a causa de las hijas de Het. Si Jacob toma mujer de las hijas de Het ¿...para qué quiero la vida?*
>
> Génesis 27:46

Casi inmediatamente también, Jacob tiene que abandonar su hogar para huir de la venganza de su hermano, Esaú, y se ausenta por veinte años. La Biblia nada dice del resto de la vida de Rebeca o de cuándo y cómo murió. Sin embargo, parece ser que nunca tuvo la satisfacción de ver a Jacob disfrutar de la bendición que su plan de engaño había conseguido para él.

A lo largo de los años he oído a muchas personas hablar de sí como lo hizo Rebeca: "Estoy cansada de vivir... Nada me sale bien... ¿De qué sirve...? ¡Me doy por vencida...! Mejor sería que me muriera..." He aprendido por experiencia que expresiones como esas casi siempre indican que en la vida del que habla así, actúa una maldición autoimpuesta.

En Mateo 27:20-26 se describe un ejemplo de maldición autoimpuesta mucho más trágico y de mayor alcance. Contra su propio juicio, Pilato, el gobernador romano, consiente en soltar para la multitud a un asesino llamado Barrabás y condenar a muerte a Jesús. Sin embargo, a fin de distanciarse de semejante acto, se lava las manos frente a la muchedumbre y dice: "Inocente soy yo de la sangre de este justo; allá vosotros. A esto la multitud responde: Su sangre sea sobre nosotros, y sobre nuestros hijos".

Estas palabras combinan dos formas de maldición: una *autoimpuesta* sobre sí mismos; otra *familiar* sobre sus descendientes. El relato objetivo de la historia confirma el resultado de ambas. En la primera generación, los ejércitos romanos destruyeron Jerusalén, y mataron o vendieron como esclavos a toda su población.

A partir de aquel momento, durante diecinueve siglos, el destino del pueblo judío ha estado entretejido con el hilo tenebroso y ensangrentado de la tragedia del Gólgota. Una vez tras otra, en pogrom tras pogrom, los gobernantes gentiles han desatado contra los indefensos judíos a hombres violentos y depravados del calibre de Barrabás: a quien ellos escogieron.

Pero gracias a Dios, ¡ ese no es el fin! Dios ha provisto un camino de reconciliación y restauración. Por medio de su inescrutable sabiduría y su maravillosa misericordia, la muerte de su hijo, que fue ejecutado como un criminal, proporcionó una forma de escapar las consecuencias de la maldición. El capítulo 17 explicará esto en detalle.

Antes, en el capítulo 8, vimos que cuando Dios originalmente llamó a Abraham y lo bendijo, también pronunció una maldición sobre todo el que lo maldijera. Más tarde, esta maldición fue reafirmada cuando Isaac bendijo a Jacob, y una vez más cuando Balaam pronunció una bendición profética sobre Israel como nación. De esta manera Dios proporcionó protección para Jacob y sus descendientes —el pueblo judío— de todo el que tratara de poner una maldición sobre ellos. La historia subsiguiente reveló, sin embargo, que había una clase de maldición de la cual ni siquiera Dios podía proteger a su pueblo: *la maldición que ellos pronunciaron sobre sí mismos.*

Lo mismo se aplica a los gentiles cristianos que se han convertido en herederos de las bendiciones de Abraham a través del Nuevo Pacto iniciado por Jesús. Incluida en las provisiones del Pacto está el derecho de invocar la protección de Dios contra las maldiciones que procedan de cualquier fuente externa. Pero hay una clase de maldición contra la que ni siquiera Dios puede proporcionar protección *las maldiciones que los cristianos pronuncian sobre sí mismos.*

Esta es una manera en la que con frecuencia los cristianos traen sobre sí mismos diferentes clases de problemas cuyos orígenes no entienden. Cuando hablan palabras negativas acerca de sí mismos, cierran el acceso a las bendiciones y se exponen a las maldiciones.

También en esto la historia de Israel proporciona un claro ejemplo. Los capítulos 13 y 14 de Números cuentan que Moisés envió doce líderes tribales para que espiaran la tierra de Canaán, que Dios había prometido como herencia a Israel. Dos de ellos —Josué y Caleb— regresaron con un informe positivo:

> *Subamos luego, y tomemos posesión de ella; porque más podremos nosotros que ellos.*

Los otros diez dieron un informe negativo enfocado en los gigantes y las ciudades amuralladas. Su conclusión fue:

> *No podremos subir contra aquel pueblo, porque es más fuerte que nosotros.*

A su tiempo, el Señor pronunció su condena. A todos aquellos israelitas que dieron crédito al informe negativo les dijo:

> *Vivo yo... que según habéis hablado a mis oídos, así haré yo con vosotros. En este desierto caerán vuestros cuerpos... [por haber] murmurado contra mí.*

Los primeros en caer fueron los cuerpos de los espías incrédulos. Por otro lado, a Josué y Caleb el Señor prometió que tomarían posesión de la tierra de la que habían dado un informe positivo.

Todos aquellos espías —tanto los creyentes como los incrédulos— determinaron su propio destino por las palabras que pronunciaron acerca de sí mismos. Quienes dijeron: "Podemos entrar en la tierra" entraron. Quienes dijeron "No no podemos" no entraron. Dios les tomó la palabra. ¡Y él no ha cambiado! A cristianos, como a israelitas, Dios todavía dice: *Según habéis hablado a mis oídos, así haré yo con vosotros.*

Anteriormente, en el capítulo 5, enumeramos siete condiciones características que pueden ser señales de una maldición. Con frecuencia es la forma en que la gente habla de sí misma que las expone a estas condiciones. Sin reconocerlo, esta gente está en realidad pronunciando maldiciones sobre sí misma. Para protegerse de éstas, es preciso que reconozcan las formas equivocadas de hablar que han estado usando y cultivar en su lugar otras maneras nuevas de hablar positivamente.

La lista que ofrecemos más abajo repite las siete condiciones que pueden indicar una maldición, pero añade bajo cada epígrafe las formas típicas de hablar que por lo común expone a la gente a las condiciones descritas. Estos pocos ejemplos deben ser suficientes para indicar las clases de expresiones que son peligrosas y los campos en los que pudiera ser necesario cambiar. En cuanto a nosotros concierne, Ruth y yo hemos aprendido a ejercer vigilancia y autocontrol constantes de la forma en que hablamos de nosotros mismos.

1. Colapso mental o emocional, o ambos

"¡Esto me está volviendo loco!"
"No puedo resistirlo más".
"Me vuelve loco pensar..."

2. Enfermedades repetidas o crónicas (especialmente si es hereditaria)

"Donde haya un microbio, lo pesco yo".
"Me siento enfermo y cansado..."
"Es un mal de familia, así que ahora me toca a mí".

3. Esterilidad, una tendencia al aborto o a problemas femeninos relacionados

"¡No creo llegar a quedar embarazada alguna vez!"

"Otra vez me cayó la 'maldición'".

"Sé que voy a perder éste también; ¡siempre es igual!"

4. Desintegración del matrimonio y distanciamiento de la familia

"La palmista me dijo que mi esposo me dejaría".

"Yo sabía que mi esposo encontraría a otra mujer".

"En nuestra familia siempre hemos peleado como perros y gatos"

5. Continua insuficiencia económica

"No puedo vivir de mis ingresos; a mi padre le pasaba igual".

"No puedo darme el lujo de diezmar".

"Odio a esos 'ricachos' que siempre tienen todo lo que quieren; ¡a mí nunca me pasa!"

6. Ser 'propenso a los accidentes'

"¡Siempre me pasa a mí!"

"Ya sabía yo que algo iba a suceder..."

"¡Qué torpe que soy!".

7. Una historia de suicidios y muertes prematuras o antinaturales

"¿De qué sirve vivir?"

"¡ Sobre mi cadáver!"

"Prefiero morir que seguir como voy".

Las personas que usan esta clase de expresiones negativas, están invitando inconscientemente a los malos espíritus para que tomen posesión de ellas. El tipo de espíritu maligno que responde lo determina el lenguaje usado. Hay clases de espíritus que corresponden a cada una de las siete categorías enumeradas arriba.

Una clase de espíritu que es particularmente común es el espíritu de "muerte". Este responde al tipo de lenguaje relacionado bajo la categoría de "Suicidios y muertes prematuras o antinaturales". Produce una sensación de que la vida no tiene sentido ni esperanza, y una tendencia morbosa a concentrarse en pensamientos de muerte. Con frecuencia se manifiesta también en una sucesión interminable de enfermedades físicas, para muchas de las que no hay una causa médica obvia.

En última instancia, este espíritu de muerte impulsará a la persona al suicidio, o causará una muerte prematura de alguna otra forma. En Juan 8:44 Jesús nos advierte que Satanás es un asesino. Uno de los agentes que usa para asesinar a la gente es el espíritu de muerte, que les provoca la muerte antes de su tiempo. Cuando hablé de esto con un médico amigo, me confirmó que con frecuencia ha visto morir a pacientes cuando no había suficientes causas médicas que lo explicaran.

Puede ser que en una u otra de las categorías enumeradas antes, aparezcan maldiciones que usted mismo haya dicho. Si es así, ¡no se desanime! ¡Hay una salida! Al inicio de este capítulo, el apóstol Pedro sirvió de ejemplo de los tres pasos que hacen falta para escapar de esa maldición autoimpuesta: Arrepentirse - Revocar - Reemplazar.

Primero, tenemos que reconocer que hemos hecho una confesión negativa acerca de nosotros y que debemos *arrepentirnos* de ella. Segundo, tenemos que *revocarla;* o sea desdecirla o cancelarla. Tercero, tenemos que *reemplazar* nuestra anterior confesión equivocada con una correcta. Todo esto se explicará detalladamente en el capítulo 21.

Otra forma en que la gente puede atraer una maldición sobre sí misma es con los compromisos o juramentos requeridos para ser admitidos en fraternidades, hermandades de mujeres cerradas o sociedades secretas. Recuerdo una situación en que mi primera esposa, Lydia, y yo estábamos tratando de ayudar a una joven cristiana para liberarse de una atadura satánica. A pesar de muchas oraciones y luchas, no había liberación. De pronto Lydia sintió la urgencia de decir a la joven que se quitara un anillo que usaba. Tan pronto como lo hizo, quedó liberada sin más luchas.

Lydia actuó impulsada exclusivamente por el Espíritu Santo. Nada sabía del anillo, que pertenecía a su hermandad universitaria. Para entrar en ella, la joven había tenido que hacer ciertas promesas que no se ajustaban a su fe cristiana. Al descartar el anillo, canceló eficazmente aquellos compromisos y reconquistó su libertad como hija de Dios.

En otra ocasión, Lydia y yo formábamos parte de un grupo que ministraba a una joven que confesó haber sido una sacerdotisa de Satanás. Ella llevaba un anillo que simbolizaba su "matrimonio" con Satanás. Cuando le dijimos que tenía que quitarse el anillo, lo hizo; pero entonces, compelida por Satanás, se lo tragó. Un joven que estaba presente recibió una unción especial de fe, y ordenó a la mujer que vomitara el anillo, ¡lo que hizo al instante! Después arrojamos el anillo a un lago cercano. A continuación vino el paso final en la liberación de la mujer cuando quemó todas las ropas que había usado cuando adoraba a Satanás.

Incidentes como estos han dado vida, para mí, a las instrucciones que aparecen en Judas 23:

> *A otros salvad, arrebatándolos del fuego; y de otros tened misericordia con temor, aborreciendo aun la ropa contaminada por su carne.*

En las dos instancias anteriores, la atadura satánica estaba asociada con un anillo. El significado de un anillo es que con frecuencia simboliza una relación pactada. En nuestra cultura occidental, por ejemplo, es normal que un hombre y su esposa usen cada uno un anillo, simbolizando la relación de pacto en el matrimonio. Según las normas bíblicas, un pacto es la más solemne y poderosa forma de relación en que una persona puede participar, tanto si el pacto es entre Dios y el hombre, como entre el hombre y sus semejantes. Satanás está bien enterado de esto, y por consiguiente, explota las relaciones de pacto que él hace a fin de lograr el control más grande que le sea posible sobre la gente.

Por esta razón, en Exodo 23:32, Dios ordenó a los israelitas en lo concerniente a las naciones idólatras de Canaán:

> *No harás alianza con ellos, ni con sus dioses.*

Dios estaba advirtiendo a su pueblo que si entraban en un pacto con los cananeos que adoraban falsos dioses, aquel pacto los ataría no sólo a los cananeos, sino también a sus dioses. De esa forma traerían sobre sí ataduras con aquellos dioses.

Un sector de la sociedad contemporánea al que se aplica esta advertencia en particular es la masonería. Los masones declaran que la naturaleza de su sociedad es un secreto, pero no es cierto. Todos los más importante ritos y fórmulas de la masonería han sido publicados en diferentes épocas, tanto por antiguos masones (incluso algunos que han alcanzado los más altos grados), como por otros que han examinado cuidadosamente el material que está a la disposición de cualquier investigador competente.

Para nuestros fines baste señalar dos hechos acerca de la masonería. Primero, a fin de ser iniciado, un individuo tiene que comprometerse con el más cruel y bárbaro juramento, a no revelar jamás ninguno de los secretos de la masonería. Sería imposible encontrar en parte alguna un ejemplo más espantoso de maldiciones autoimpuestas que estos juramentos.

Segundo, la masonería es una religión falsa. Algunos masones negarían que es una religión, pero he aquí algunas de las principales características que ponen de manifiesto que lo es: La masonería tiene su propia "revelación"; sus propios "templos"; sus propios "altares"; sus propios "símbolos" y "emblemas" religiosos (que incluyen un "anillo"); su propia "confesión de fe"; sus propios "sacerdotes"; sus propios "rituales". Finalmente, tiene su propia "deidad", un falso dios, a quien llaman un "Principio Creador" o "el Gran Arquitecto del Universo".

La masonería es una "religión falsa" porque reconoce a un "falso dios". Muchos de los objetos y símbolos asociados con la cristiandad —incluyendo la Biblia— se usan en la masonería, pero esto es un engaño deliberado. El dios a quien la masonería reconoce *no* es el Dios de la Biblia. Aunque en la masonería se usa el sagrado nombre bíblico de cuatro letras —JHVH (comúnmente deletreado como "Jehová")—, se interpreta como refiriéndose a una entidad divina que combina en sí misma principios masculinos y femeninos. Además, el grado del real Arco usa una forma abreviada del nombre de Jehová en combinación con las formas abreviadas de dos deidades paganas, Baal y Osiris, y reconoce a este ser "combinado" como dios. Esto es nada menos que un deliberado insulto al único y verdadero Dios revelado en la Biblia como Jehová.[1]

Por lo que a mí concierne, no tenía interés alguno en la masonería hasta que empecé a descubrir los efectos dañinos que ha tenido en la vida de personas que vinieron pidiendo oración. Algunos de los ejemplos más espantosos que he hallado de maldiciones activas en la vida de las personas estaban asociados con la masonería. Los efectos se manifestaban en la segunda y la tercera generación de quienes tenían un masón en sus antecedentes familiares.

Hubo un caso que me impresionó bastante. Al final de un culto matutino de adoración en Australia, Ruth y yo estábamos orando por las personas que necesitaban sanidad. Una

1 Cualquier interesado en un amplio estudio de este tema puede encontrarlo en el libro *Freemasonry: An Interpretation* por Martin L. Wagner (de HRT Ministries, Box 12, Newtonville, N.Y. 12128-0012).

de las que vino adelante fue una joven mujer cuyos ojos nublados, cabello descuidado y hablar enredado daban la impresión de tener antecedentes de baja esfera. En sus brazos llevaba un diminuto bebé.

"No quiere comer nada", masculló la madre con mirada furtiva. "Nada más que una o dos onzas por toma".

"¿Cuánto tiene de nacida?", le preguntamos.

"Seis semanas", replicó la madre, pero la bebé tenía más apariencia de seis días que de seis semanas.

Cuando Ruth y yo colocamos nuestras manos sobre la madre para orar por ella, cayó de espaldas bajo el poder del Espíritu Santo. Ruth entonces tomó a la bebé y la sostuvo en sus brazos. Dos obreros de la iglesia empezaron a orar por la madre en el suelo.

Entonces Ruth recibió una palabra de ciencia del Espíritu Santo: "Su padre es un masón", dijo ella a los obreros. "Díganle que renuncie a ese espíritu".

La madre en el suelo luchó por pronunciar las palabras: "Renuncio... a ese... espíritu... de masonería". Tan pronto como profirió aquellas palabras, el espíritu maligno salió de ella con un largo alarido. Al mismo tiempo, la bebé en los brazos de Ruth emitió un grito precisamente similar, y se desmadejó. Los obreros ayudaron a la madre a ponerse de pie, y Ruth colocó a la bebé de nuevo en sus brazos.

Unas seis horas después estábamos de vuelta en la misma iglesia para un servicio vespertino. Al final, la misma joven mujer se nos acercó con su bebé.

—¿Cómo está la bebita? —le preguntamos.

—Ha dado un cambio radical —replicó la madre—. ¡Se ha tomado tres botellas completas desde esta mañana!

No pude dejar de pensar que la madre también había sufrido un cambio drástico, que se expresaba en el brillo de sus ojos y en el claro timbre de su voz.

Más tarde reflexioné que en un breve encuentro habíamos visto una evidencia tangible de una maldición debida a la masonería que se había extendido por lo menos a dos generaciones desde su propio padre que había sido masón, hasta su hija y después a su nieta, una bebé de sólo seis semanas. Determiné que de ahí en adelante me ocuparía con diligencia en advertir a la gente del daño que los masones traen no sólo sobre sí mismos, sino sobre los miembros de sus familias, incluso los que no han participado directamente en la masonería.

A todos los que han hecho una promesa o un voto que los ate en una asociación diabólica como las mencionadas antes, Salomón ofrece una palabra urgente de consejo en Proverbios 6:4-5:

> *No des sueño a tus ojos, ni a tus párpados adormecimiento; escápate como la gacela de la mano del cazador, y como ave de la mano del que arma lazos.*

Hay dos requisitos mínimos para la liberación. Primero, tiene que renunciar verbalmente su asociación en ella. "Lo que usted ha dicho con sus labios, sólo puede desdecirlo usted". Es mejor hacerlo en presencia de un testigo comprensivo que lo respalde con su fe.

Segundo, tiene que deshacerse, y destruir, todos los emblemas, libros y otros materiales que eran símbolos de su asociación. En todos los tres tipos de situaciones mencionadas antes, lo que tuvo significado especial fue un anillo. En el caso de un masón, pudiera ser que haya varios otros objetos; particularmente el delantal. Recuerde las palabras de Judas 23: *Aborreciendo aun la ropa contaminada por su carne.*

13

Los servidores de Satanás

En este capítulo pondremos al descubierto una fuente de maldiciones totalmente diferente: los servidores de Satanás.

Las actitudes de los cristianos hacia Satanás varían entre dos extremos. Algunos totalmente hacen caso omiso de Satanás, y tratan de actuar como si no fuera real. Otros tienen miedo de él y le dan mucha más atención de la que merece. Entre estos dos extremos hay un equilibrio bíblico.

Satanás es un ser creado, un ángel rebelde, que fue expulsado del cielo de Dios. Gobierna sobre un reino espiritual de ángeles malignos y rebeldes, junto con espíritus malignos menores, a quienes se llama "demonios".

El nombre *Satanás* significa "Adversario" u "Oponente". Es el inalterable e implacable enemigo de Dios y de su pueblo y sus propósitos. Se ha propuesto someter bajo su dominio a toda la humanidad y su táctica principal es el engaño, del cual él es un maestro. En Apocalipsis 12:9 se le describe como:

El gran dragón, la serpiente antigua, que se llama diablo y Satanás, el cual engaña al mundo entero.

Satanás ya ejerce dominio sobre la gran mayoría de la humanidad; todos los que están en actitud rebelde contra Dios. En Efesios 2:2 se le describe como *el espíritu que ahora opera en los hijos de desobediencia.* La mayor parte de éstos no tienen un cuadro claro de su condición real. Son llevados simplemente por doquier por fuerzas que no comprenden ni pueden controlar.

Entre ellos, sin embargo, hay quienes deliberadamente se han abierto a Satanás, aun cuando quizás no se hayan dado cuenta de su verdadera identidad. En persecución del poder y la ganancia material, se dedican a cultivar sistemáticamente las fuerzas sobrenaturales que Satanás ha cedido a ellos. Estos servidores de Satanás son reconocidos en casi todas las culturas y se les ha dado muchos títulos diferentes: hechiceros, curanderos, "mchaui", chamanes, "tojanga", magos, brujos, sacerdotes o sacerdotisas de Satanás, etc. En casi todas las culturas tribales alrededor del mundo hay un nombre especial para esta clase de persona.

Jesús mismo es nuestra principal fuente de información en lo que respecta a Satanás. Cuando envió setenta discípulos a fin de preparar el camino ante él, ellos regresaron con gozo diciendo:

Señor, aun los demonios se nos sujetan en tu nombre.

A esto Jesús respondió:

He aquí os doy potestad de hollar serpientes y escorpiones, y sobre toda fuerza del enemigo, y nada os dañará.

Lucas 10:17-19

Jesús no negó que Satanás fuera real o que tuviese poder. Pero prometió a sus discípulos que la autoridad que él les confería les daría la victoria sobre el poder de Satanás y los protegería contra todos sus intentos de hacerles daño. Es importante que todos los servidores del Señor reconozcan la autoridad que él les ha dado y aprendan a ejercerla con efectividad.

Las maldiciones son una de las principales armas que los servidores de Satanás usan contra el pueblo de Dios. Esto es muy patente en la historia de Balac y Balaam en Números 22-24.

Balac era rey del territorio de Moab, al este del Jordán. En su viaje desde Egipto a Canaán, Israel había acampado en la frontera de Moab. Balac sintió amenazado su reino, pero carecía de la fuerza o el valor que se necesitaba para lanzar un ataque abierto contra Israel. En cambio, alquiló a Balaam para que pronunciara maldiciones sobre ellos, esperando que Israel quedara así debilitado al punto que Moab pudiera derrotarlo. Balaam era un "hechicero" famoso en toda la región, que pedía grandes honorarios por sus servicios.

Muchos cristianos hoy descartarían todo esto como "tonterías" supersticiosas, desprovistas de ningún poder real. La reacción de Dios, sin embargo, fue totalmente diferente. El consideró las maldiciones que Balaam podría pronunciar como una seria amenaza para Israel. Por lo tanto, intervino sobrenaturalmente y advirtió a Balaam que no aceptara la misión. Pero Balaam codiciaba las riquezas que Balac le había prometido. En su momento, sin embargo, cada vez que Balaam intentó pronunciar maldiciones sobre Israel, Dios intervino ¡y cambió en bendiciones las maldiciones que aquél se proponía pronunciar!

Después, en Deuteronomio 23:5, Moisés le recuerda a Israel este incidente como evidencia del amor de Dios por ellos:

Mas no quiso Jehová tu Dios oír a Balaam; y Jehová tu Dios te convirtió la maldición en bendición, porque Jehová tu Dios te amaba.

Hace falta subrayar un hecho importante: Dios no consideró que las maldiciones que se proponía proferir Balaam fueran palabras huecas, sin poder. Las consideró como una grave amenaza para Israel, y por esta razón intervino personalmente para frustrar la intención de Balaam.

El tiempo no ha cambiado el punto de vista de Dios. El no desoye o empequeñece las maldiciones dirigidas contra su pueblo por los servidores de Satanás. Por el contrario, como dijo Jesús, Dios reconoce el poder de Satanás, pero capacita a sus propios servidores con un poder superior.

La Biblia presenta varias descripciones de las actividades de los servidores de Satanás. Estas sirven de advertencia a los servidores de Dios, contra quienes se dirigen a menudo estas actividades satánicas. En Ezequiel 13:17-20, por ejemplo, Dios condena a ciertas profetisas o hechiceras falsas:

Y tú, hijo de hombre, pon tu rostro sobre las hijas de tu pueblo que profetizan de su propio corazón, y profetiza contra ellas, y di: "Así ha dicho Jehová el Señor: '¡Ay de aquéllas que cosen vendas mágicas para todas las manos, y hacen velos mágicos para la cabeza de toda edad, para cazar las almas! ¿Habéis de cazar las almas de mi pueblo, para mantener así vuestra propia vida? ¿Y habéis de profanarme entre mi pueblo por puñados de cebada y por pedazos de pan, matando a las personas que no deben morir, y dando vida a las personas que no deben vivir, mintiendo a mi pueblo que escucha la mentira'?" "Por tanto, así ha dicho Jehová el Señor: 'He aquí yo estoy contra vuestras vendas mágicas, con que cazáis las almas al vuelo'."

Algunos de los detalles no son claros, pero parece que estas mujeres desempeñaban el papel de hechiceras. Cualquiera que tenía una disputa con alguna otra persona las alquilaba para que usaran sus artes mágicas contra aquella persona. Uno de sus métodos era poner encantamientos mágicos en las ropas de las personas. De este modo, "cazaban almas" y de verdad mataban personas inocentes. A cambio, les pagaban con puñados de cebada o pedazos de pan.

Esta no es una acusación exagerada que recuerde la Edad Media. Es un cargo que el mismo Dios hace contra estas mujeres. Además, los servidores de Satanás han usado métodos similares con los mismos propósitos a través de los siglos y todavía los siguen usando hoy.

En 1979-1980, en la ciudad de Bath en el oeste de Inglaterra, los arqueólogos descubrieron las ruinas de un templo de la diosa Minerva que databa del período romano. Los sacerdotes de este templo tenían un ministerio similar al de las hechiceras en los días de Ezequiel. La gente que quería vengarse de alguien, empleaba a los sacerdotes para que escribieran una maldición pertinente contra aquella persona. La escritura de la maldición requería habilidades especiales que sólo poseían los sacerdotes. Una vez que la maldición había sido escrita, se utilizaba alguna clase de ceremonia mágica para dirigirla contra la persona que era el blanco. Por todo esto, es claro, los sacerdotes recibían el pago correspondiente. También, los adoradores depositaban sus ofrendas votivas para la diosa dentro del manantial asociado con el templo.

Esta forma de usar las maldiciones y artes mágicas es todavía una parte familiar de la vida diaria en la mayoría de los pueblos del mundo, particularmente en Asia, Africa, Oceanía, América Central y América del Sur. El siguiente relato viene de un misionero amigo mío, quien ha vivido toda su vida en Zambia, en el Africa central, y está íntimamente familiarizado con las lenguas y las costumbres de la gente allí.

> En una conferencia general de cristianos en nuestro distrito rural de Zambia, el Espíritu Santo había hablado una fuerte palabra profética llamando a la Iglesia a la santidad. Muchos cristianos sintieron

convicción de pecado en sus vidas y se arrepintieron de veras, confesando su pecado y pidiendo el perdón de Dios.

Después del culto, un anciano de una de nuestras iglesias en una de las aldeas más remotas se acercó al predicador llorando y temblando en todo su cuerpo, confesando el terrible pecado de *asesinato por hechicería.*

El anciano le contó que durante años él había estado peleando con otro anciano colega mayor que él. La situación se había tornado tan mala que él decidió castigarlo yéndose al hechicero local y pagándole para que maldijera al otro anciano. El hechicero lo hizo muy contento, especialmente porque sabía que se suponía que estos hombres eran cristianos. Pidió que le entregara un elevado pago inicial y le dijo que volviera al día siguiente.

Cuando regresó, el anciano encontró al hechicero sentado bajo un árbol con un espejo en su mano y un pote con una poción de brujería en la tierra delante de él. El hechicero entonces procedió a mojar todo el espejo con la poción, y pidió al anciano que mirara con cuidado en el espejo y le dijera lo que viese. Asombrado, el anciano vio el rostro de su compañero anciano muy claramente. En ese momento, el hechicero tomó una navaja y cortó el cuello del rostro que se reflejaba en el espejo. Inmediatamente el espejo se cubrió de sangre.

El anciano gritó: "¡Lo mataste! Yo sólo te pedí que lo maldijeras". El hechicero replicó riéndose: "¡ Creí que era mejor hacer el trabajo debidamente mientras estaba en ello!"

El anciano corrió a su hogar. Horrorizado se enteró de que su compañero anciano estaba realmente muerto, después de sufrir súbitamente una hemorragia misteriosa. El anciano estaba aterrorizado por las consecuencias de su acto, así que lo mantuvo callado hasta que el Espíritu Santo lo convenció poderosamente de su pecado.

Afortunadamente para él, "cuando el pecado abundó, sobreabundó la gracia". Mediante la confesión, el arrepentimiento y la fe en Jesucristo, el hombre no sólo alcanzó el perdón y la paz con Dios, sino la realidad del nuevo nacimiento.

Algunos lectores de occidente pudieran descartar todo esto como prácticas primitivas y supersticiosas del "Continente Negro". Pero la verdad es que incluso en las naciones más civilizadas (supuestamente), las prácticas ocultistas, que habían estado decayendo, otra vez están haciendo tremendos avances. En Alemania Occidental, por ejemplo, muchos hombres de negocios, que nunca buscarían asesoramiento de un ministro cristiano, consultan regularmente a un adivino con respecto a sus tratos comerciales.

A mitad de la década de 1980, un líder de la Iglesia Satánica en Norteamérica fue entrevistado en la televisión. Se le preguntó si era verdad que los satanistas practicaban los sacrificios humanos. El replicó: "Nosotros ejecutamos sacrificios humanos por poder, pudiera decirse —la destrucción de seres humanos que pudieran, digámoslo así, crear una situación antagónica hacia nosotros— en forma de maldiciones y embrujos".[1] Este cargo no fue hecho por algún crítico hostil; él mismo lo admitió voluntariamente.

En Israel, bajo la ley de Moisés, esto hubiera sido castigado con la muerte. En nuestra cultura contemporánea, sin embargo, las prácticas ocultistas no son un delito, y no implican un castigo, incluso si se usan para matar personas.

La declaración del satanista citada arriba revela el uso de las maldiciones y embrujos para matar personas, pero en

---

1 Citado de *America: The Sorcerer's New Apprentice* por Dave Hunt y T.A. McMahon (Harvest House Publishers).

modo alguno los absuelve del cargo de realizar sacrificios humanos. El siguiente reportaje del *New York Times* del 12 de abril de 1989, contiene evidencia repugnante proveniente de Matamoros, México:

> El martes... funcionarios [mexicanos y norteamericanos] encontraron los cuerpos de doce personas, incluso el de un estudiante de la Universidad de Texas de 21 años que había desaparecido aquí hacía un mes, en ocho rústicas tumbas en un [rancho remoto cerca de la frontera norteamericana]. Hoy, en una conferencia de prensa aquí y en Brownsville, Texas, los funcionarios dijeron que los responsables de los asesinatos eran una pandilla de narcotraficantes, que consideraban que los sacrificios humanos serían "un escudo mágico" que los protegería de la policía...
>
> Entre los sospechosos todavía sin capturar, está un acusado de contrabando de drogas identificado como Adolfo de Jesús Constanzo, nativo de Cuba, a quien los otros llaman el Padrino. La policía dijo que él ordenó los asesinatos rituales, señalando al azar en las calles de la ciudad a hombres jóvenes para que sus seguidores los secuestraran, los asesinaran y los mutilaran en el rancho.
>
> Los funcionarios describieron los asesinatos como una torcida mezcla de sacrificios y magia negra de Haití, Cuba y Jamaica...

También ha habido informes de varios lugares en los Estados Unidos del sacrificio de bebés y niños pequeños, llevados a cabo por satanistas como parte de sus rituales.

El blanco primordial de las maldiciones satánicas y otras armas ocultistas son los servidores de Dios y de Jesucristo. Los satanistas reconocen correctamente quienes son sus principales enemigos, y de acuerdo con eso, dirigen sus ataques contra ellos. Esto queda ilustrado gráficamente por un incidente que me relató un ministro amigo.

Una mujer cristiana conocida de mi amigo estaba comiendo con su familia en un restaurante en Nueva Orleans, considerado como el centro espiritual de la hechicería en los Estados Unidos. Mientras estaban a la mesa, se dirigieron a ellos unos satanistas que habían entrado al restaurante para "testificar" de la misma forma que algunos cristianos podrían hacerlo, yendo de mesa en mesa. Estaban en el acto de reclutar personas para el satanismo y mostraron a la mujer un tratado impreso para el año 1988, subrayando el siguiente programa mundial de seis puntos, que sería acompañado por ayuno y oración (!):

1. Que el Anticristo se manifestara muy pronto.
2. Que los ministros, líderes y misioneros cayeran.
3. Que los ministerios y las obras de Dios fueran destruidas.
4. Que los cristianos se volvieran satisfechos de sí mismos, queriendo paz por sobre todas las cosas, y buscaran iglesias que no predicaran un evangelio completo con pastores que se mantuvieran tranquilos sin importar de qué pecado se tratara.
5. Que los cristianos dejaran de ayunar y orar.
6. Que no se hiciera caso de los dones del Espíritu Santo.

Esta no es más que una de muchas evidencias que la Iglesia de Jesucristo está actualmente bajo un intenso y sistemático ataque de las fuerzas de Satanás. ¿Qué puede hacer la Iglesia? Cristo derrotó a Satanás en la cruz. ¿Cómo podemos, ante todo, defendernos; y después, hacer de la victoria de Cristo una realidad diaria en nuestra vida personal y en nuestras iglesias?

La historia del intento de Balaam de pronunciar una maldición sobre Israel proporciona algunas ideas aclaradoras. Dios intervino en favor de Israel y cambió la maldición propuesta en una bendición. ¿Qué vio Dios en la conducta de Israel en aquel momento que lo movió a tomar partido en su favor contra Satanás?

He aquí algunos factores importantes que juntos atrajeron el favor de Dios sobre su pueblo:

1. El pueblo de Israel marchaba en cumplimiento de los planes de Dios para ellos.
2. Ellos eran guiados sobrenaturalmente, día y noche, por una nube y una columna de fuego. Esto corresponde a la dirección del Espíritu Santo para los creyentes del Nuevo Testamento. (Ver Romanos 8:14.)
3. Eran una nación bajo disciplina, con líderes designados por Dios y leyes dadas por Dios.
4. Sus relaciones estaban cuidadosamente ordenadas de acuerdo con un patrón divino. Este patrón armonioso de relaciones fue hermosamente descrito en la propia visión que Balaam ofrece de ellos en Números 24:5-6:

> *¡Cuán hermosas son tus tiendas, oh Jacob, tus habitaciones, oh Israel! Como arroyos están extendidas, como huertos junto al río, como áloes plantados por Jehová,como cedros junto a las aguas.*

Es obvio que esta no fue una descripción literal de Israel, puesto que en aquel momento ellos estaban acampados en un área desértica.

5. Mucho de lo anterior se debió al hecho que de entre ellos se había purgado toda una generación de israelitas incrédulos y desobedientes (Ver Números 26:63-65).

¿Cuáles son las lecciones que hay que aprender de esta descripción de Israel? Sus características principales pudieran resumirse así: Israel era una comunidad ordenada, disciplinada y guiada divinamente, viviendo en armonía unos con otros. En otras palabras: Israel no era sólo una asamblea de individuos que "hacía cada uno lo que se le antojaba".

Dios no ha cambiado en lo que se refiere a lo que busca en su pueblo; ni Satanás ha cambiado en sus tácticas contra el pueblo de Dios. Si la iglesia no llena ahora los requisitos para recibir el favor y la protección de Dios, hay un sólo remedio: *la Iglesia tiene que cambiar.*

Por desgracia, el relato de la estrategia de Balaam contra Israel no termina con una victoria total para Israel. Habiendo fracasado en su intento de poner una maldición sobre Israel, Balaam recurrió a una segunda táctica: Aconsejó a Balac que usara a las mujeres moabitas como trampa, a fin de seducir a los hombres de Israel, primero, para que cayeran en la inmoralidad sexual y, segundo, en la idolatría. Si bien el primer intento de Balaam falló, su segunda táctica triunfó.

Después de eso, no hubo necesidad de pronunciar maldición alguna sobre los israelitas. Con el quebrantamiento del primer mandamiento de Dios, trajeron la maldición del propio Dios sobre sí mismos, y 24,000 de ellos perecieron (Ver Números 25.) En Números 31:16, Moisés declara específicamente que esto se produjo por causa del consejo de Balaam.

En 1 Corintios 10:8 Pablo sostiene que este incidente es una advertencia para los creyentes en el Nuevo Testamento. Las tácticas engañosas de Balaam son también mencionadas en tres otros pasajes del Nuevo Testamento: 2 Pedro 2:15-16, Judas 11 y Apocalipsis 2:14. Es obvio que la estrategia de Balaam contra Israel contiene importantes advertencias también para los creyentes del Nuevo Pacto. La lección central es simple: los cristianos que están viviendo en obediencia disciplinada a Dios y en armonía unos con otros pueden contar con Dios para su protección contra Satanás. Pero los cristianos indisciplinados, desobedientes y que no están en armonía, pierden su derecho de implorar la protección de Dios.

14

La conversación engendrada en el alma

No es difícil para los cristianos comprender que las fuerzas espirituales dirigidas contra ellos por los servidores de Satanás pueden ser peligrosas y dañinas. Pero muchos cristianos se sorprenderían de saber que hay situaciones en que las fuerzas espirituales que emanan de sus hermanos creyentes también pueden ser dañinas. No obstante, en Santiago 3:14-15 el apóstol escribe tanto a los cristianos como de los cristianos cuando advierte:

> *Pero si tenéis celos amargos y contención en vuestro corazón, no os jactéis, ni mintáis contra la verdad; porque esta sabiduría no es la que desciende de lo alto, sino terrenal, animal, diabólica.*

Para describir una cierta clase de "sabiduría", Santiago usa adjetivos en tres niveles descendentes: primero, "terrenal"; abajo de esa, "animal"; y aún más abajo, "diabólica". La clave para comprender el proceso de descenso radica en el segundo adjetivo, aquí traducido "animal" [de "ánima"]. La palabra griega es *psuquikos,* formada directamente de *psuquë,* que significa "alma". La palabra correspondiente sería "psicogénico" [engendrado u originado en la psique o el alma]. Traducida de esta forma, encaja en su lugar con el cuadro de la personalidad humana que describe la Biblia.

En 1 Tesalonicenses 5:23 Pablo ora:

> *Y el mismo Dios de paz os santifique por completo; y todo vuestro ser, espíritu, alma y cuerpo, sea guardado irreprensible.*

Aquí Pablo reúne los tres elementos que forman una personalidad humana completa, enumerándolos en orden descendente desde el más alto hasta el más bajo: primero, el espíritu; después, el alma; y por último, el cuerpo.

El espíritu es la parte de la personalidad humana que fue directamente insuflada por Dios en la creación. Por consiguiente es capaz de unión y comunicación directa con el Creador. En 1 Corintios 6:17 Pablo dice:

> *Pero el que se une al Señor, un espíritu es con él.*

No sería correcto decir "un alma con él". Sólo el espíritu del hombre es capaz de unión directa con Dios.

En el patrón original de la creación, el espíritu del hombre se relacionaba ascendentemente con Dios y descendentemente con su alma. Dios se comunicaba directamente con el espíritu del hombre y, a través del espíritu del hombre, con su alma. Unidos, el espíritu y el alma del hombre se expresaban a través de su cuerpo.

Con la caída, resultado de la desobediencia del hombre, su espíritu quedó aislado de Dios, y al mismo tiempo su alma empezó a expresarse independientemente de su espíritu. Esta nueva relación "inconexa" fue tanto la consecuencia como la expresión de la rebelión del hombre contra Dios.

En otras partes del Nuevo Testamento, la palabra traducida "sensual" o "natural" denota la actividad del alma del hombre cuando está privada de su adecuada relación con su espíritu. Describe, por lo tanto, una condición que es contraria a la más perfecta voluntad de Dios. Esto puede establecerse al considerar brevemente otros dos pasajes en el Nuevo Testamento donde aparecen la palabra *psuquikos* —o sea, "psicogénico", "sensual" o "natural".

En 1 Corintios 2:14-15 Pablo dice:

> *El hombre natural no percibe las cosas que son del Espíritu de Dios... y no las puede entender, porque se han de discernir espiritualmente.*

En cambio el espiritual *juzga todas las cosas.* Es obvio que "natural" y "espiritual" están en oposición entre sí. La persona "espiritual" funciona de acuerdo con la voluntad de Dios; la persona "natural" está privada de la armonía con Dios. La persona "natural" trata de comprender la verdad espiritual en el ámbito de su alma, pero es incapaz de hacerlo. La persona "espiritual" está unida con Dios a través de su espíritu y por lo tanto es capaz de recibir revelación espiritual directamente de Dios.

En Judas 16-19, el apóstol describe una clase de personas que se asocian con la iglesia, pero sin embargo son *murmuradores, querellosos, que andan según sus propios deseos.* Y termina diciendo de ellos: *Estos son los que causan divisiones, los sensuales* [o psicogénicos] *que no tienen al Espíritu* [o sea, el Espíritu Santo].

Tomados en conjunto, estos pasajes en 1 Corintios y en Judas presentan un cuadro consecuente de una persona descrita como o "natural" [o motivada por el alma]. Es uno que aparentemente se asocia con la iglesia y usa un disfraz de espiritualidad. Al mismo tiempo, su alma no está relacionada como es debido con Dios a través del espíritu. A pesar de la fe que profesa, es en realidad un rebelde, apartado de la armonía con Dios y con el pueblo de Dios. Es incapaz de comprender la verdad espiritual. Su actitud y conducta rebeldes contristan al Espíritu de Dios y provocan ofensas en el Cuerpo de Cristo.

Este análisis explica los niveles descendentes de la sabiduría corrupta descrita en Santiago 3:15: desde terrenal, a animal [sensual], a diabólica. La raíz del problema es la rebelión —alguna forma de desobediencia a Dios— alguna forma de rechazo de la autoridad de Dios. Esta rebelión aisla de Dios y de las cosas del cielo al espíritu de una persona. Queda confinado al plano de los valores y motivos terrenales.

Al mismo tiempo, esta alma — que no está en armonía con Dios— está expuesta por su rebelión a la influencia de los demonios, pues sus embotados sentidos espirituales no pueden identificarlos. El resultado es una forma de sabiduría que parece ser "espiritual" pero es, en realidad, "diabólica".

Todo este tercer capítulo de Santiago se concentra en un problema específico: el mal uso de la lengua. Más todavía, la epístola completa está dirigida sobre todo —si no exclusivamente— a quienes profesan tener fe en Cristo. Está claro, por lo tanto, que esta sabiduría corrupta, falsificada, diabólica, de la que habla Santiago, se manifiesta en palabras usadas por los cristianos. ¿Cómo surge semejante situación?

Hay dos campos principales en los que con frecuencia los cristianos son culpables de esta falta a causa de las palabras que pronuncian. El primer campo es la forma en que los cristianos hablan entre ellos; el segundo es la forma en que se dirigen a Dios —primordialmente en oración.

El Nuevo Testamento advierte muy claramente a los cristianos de cómo deben hablar acerca de otras personas —y en especial de sus hermanos creyentes—. En Tito 3:2 Pablo dice *que a nadie difamen*. La frase "a nadie" se aplica a toda otra persona, sea creyente o incrédula.

El verbo griego traducido "difamar" es *blasphëmëo* del que se deriva la palabra "blasfemia". Es importante comprender que el pecado de la "blasfemia" incluye no sólo las palabras malignas pronunciadas contra Dios, sino también las dichas contra nuestros semejantes. Tanto si se habla refiriéndose a Dios como a otra gente, tal lenguaje está prohibido a los cristianos.

En Santiago 4:11 el apóstol trata más específicamente de las palabras que los cristianos hablan *unos de otros:*

Hermanos, no murmuréis los unos de los otros.

La palabra traducida aquí como "murmurar" es *katalaleö,* que significa sencillamente "hablar en contra". Muchos cristianos interpretan que Santiago quiere expresar que no debemos decir algo "falso" contra otros creyentes. Sin embargo, lo que él dice en realidad es que en modo alguno debemos decir algo contra otros creyentes —aun cuando lo que digamos de ellos sea "verdad". El pecado con el que está lidiando Santiago no es hablar "falsamente" sino hablar en "contra".

Uno de los pecados en el que caen los cristianos con más facilidad es el "chisme". En algunas congregaciones cristianas, si se excluyera el chisme, ¡no quedaría casi tema de conversación!

El Diccionario Salvat define "chisme" como:

1. "Noticia con que se pretende indisponer a unas personas con otras".
2. Y "murmuración": "hablar censurando los actos de un ausente".

La murmuración es "ociosa" y "maliciosa". No es suficiente para un cristiano evitar la malicia al hablar. En Mateo 12:36 Jesús advierte explícitamente que nos guardemos de las palabras ociosas:

Pero yo os digo que de toda palabra ociosa que hablen los hombres, de ella darán cuenta en el día del juicio.

A pesar que el Nuevo Testamento prohíbe explícitamente la murmuración, muchos cristianos la consideran como un pecado relativamente "inofensivo". Sin embargo, así no es como Dios la considera. En Romanos 1:29-30 Pablo relaciona algunas de las consecuencias cuando el hombre se aleja de Dios. He aquí parte de esa lista:

> *Llenos de envidia, homicidios, contiendas, engaños y malignidades; murmuradores, detractores, aborrecedores de Dios, injuriosos, soberbios, altivos.*

El lugar de la "murmuración" en esta lista es importante. Algunas de las actitudes del corazón asociadas directamente con la murmuración son homicidios, engaños y malignidades. Los chismosos mismos están clasificados con los detractores, aborrecedores de Dios, injuriosos, soberbios y altivos. Los cristianos que se regodean en la murmuración pueden creer que ellos mismos son "excepciones", pero Dios no los ve así.

El peligro de esta forma de hablar se destaca por el orden descendente de los adjetivos en Santiago 3:15: "Terrenal, animal [engendrada en el alma], diabólica". Los cristianos que se permiten murmurar de otras personas —sobre todo de sus hermanos creyentes— están desobedeciendo directamente la palabra de Dios. Como resultado, se encuentran en un resbaladizo declive. Antes que se percaten de lo que está sucediendo, se habrán deslizado de lo "terrenal" a lo "animal" [del alma] y entonces de lo "animal" a lo "diabólico".

Lo que estas personas hablan acerca de otros no pudiera describirse normalmente como "maldiciones", pero su efecto es el mismo. Ellos en realidad se convierten en canales que usan las fuerzas diabólicas para venir contra otros miembros del Cuerpo de Cristo. Además, eso no sólo afecta a los individuos de quienes se habla. En Santiago 3:6 el apóstol dice:

> *La lengua está puesta entre nuestros miembros, y contamina todo el cuerpo.*

El creyente culpable de esta clase de lenguaje en realidad se contamina a sí mismo y también a esa parte del Cuerpo de Cristo con la cual se relaciona.

Hace algunos años, mientras hacía un viaje ministerial por Europa, me encontré en una situación que me dio una revelación muy clara de los peligros de la conversación profana. Me estaba preparando para hablar en una reunión muy importante, cuando me fulminó un paralizante dolor en la parte baja del abdomen. Temiendo verme obligado a cancelar mi compromiso para hablar aquella noche, clamé a Dios que me ayudara.

Inmediatamente tuve la visión de dos cristianos amigos míos, que a unas 6,000 millas de allí, en los Estados Unidos, estaban hablando de mí. Nos llevábamos muy bien los tres, pero mis dos amigos se habían opuesto a una decisión que yo había tomado recientemente. Sentí que en su conversación me estaban criticando por mi decisión y que sus palabras negativas acerca de mí me estaban produciendo los síntomas físicos con los que estaba luchando. Además, esta era una estrategia de Satanás para impedirme ministrar aquella noche.

Vi que necesitaba hacer dos cosas: primera, decidí por voluntad perdonar a mis amigos por las palabras que estaban hablando contra mí. Segunda, reclamé la promesa de Jesús en Mateo 18:18:

> *De cierto os digo que todo lo que atéis en la tierra, será atado en el cielo; y todo lo que desatéis en la tierra, será desatado en el cielo.*

Con la autoridad concedida en el nombre de Jesús, até las fuerzas satánicas que obraban contra mí, y entonces me desaté de los efectos de las palabras que mis amigos habían dicho acerca de mí. En cosa de cinco minutos había cesado el dolor del abdomen (¡y jamás volvió!) Unas horas después pude ministrar con efectividad en la reunión, y tuve la sensación de que el propósito de Dios se había cumplido.

Después, al regresar a Estados Unidos, me reuní con mis dos amigos y resolvimos la tensión que había entre nosotros. Hoy la relación que nos une es más estrecha que antes.

En Mateo 7:1-2 Jesús dice:

No juzguéis, para que no seáis juzgados. Porque con el juicio con que juzgáis, seréis juzgados, y con la medida con que medís, os será medido.

Del verbo traducido aquí como "juzgar" se derivan directamente las palabras "crítico" y "criticar". Cuando nos permitimos criticar a otras personas —sobre todo a nuestros hermanos creyentes— en forma tal que pronunciamos un juicio sobre ellos, estamos desobedeciendo la Escritura y por lo tanto somos culpables de una actitud rebelde hacia Dios. Esto nos expone al "síndrome" de Santiago 3:15: "terrenal, animal, diabólico".

Si desaprobamos la conducta de un hermano cristiano, se permite —y algunas veces es necesario— seguir la norma de Pablo durante su desacuerdo con Pedro en lo relativo a las prácticas judaizantes. En Gálatas 2:11 Pablo dice:

Le resistí [a Pedro] cara a cara.

Pablo no criticó la conducta de Pedro hacia sus propios compañeros en la obra, Bernabé y Tito. En lugar de eso, se dirigió directamente a Pedro y zanjó la diferencia con él en persona. Si Pablo hubiese criticado a Pedro a sus espaldas, la relación entre los dos podría haberse estropeado para siempre. Tal como sucedió, sin embargo, en 2 Pedro 3:15 —escrita casi al final de la vida de Pedro— él habla con calurosa aprobación de *nuestro amado hermano Pablo, según la sabiduría que le ha sido dada.*

En Proverbios 27:5 Salomón declara esto como un principio de conducta:

Mejor es reprensión manifiesta que amor oculto.

Una clase de situación diferente, en que pudiéramos tener que hablar acerca del pecado de otra persona, surge cuando estamos legalmente obligados a servir como testigos. En este caso, es nuestro deber decir "la verdad, toda la verdad, y nada más que la verdad". No obstante, nadie puede ser al mismo tiempo juez y testigo. En semejante situación, no ocupamos el papel de juez, sino de testigo. Dejamos la responsabilidad de pronunciar juicio a otro.

El pecado específico contra el que nos advierte Jesús es el de ocupar el lugar de juez cuando Dios no nos ha asignado a eso. El también nos advierte que si damos rienda suelta a la crítica hacia otros, a su debido tiempo —de una forma u otra— las mismas críticas que hemos hecho acerca de otros nos serán hechas a nosotros también.

El penetrante análisis de la Biblia del daño causado por el uso indebido de la lengua, probablemente deja que muy pocos de nosotros nos atrevamos a decir que somos "inocentes". Si reconocemos que hemos sido culpables de herir a otras personas con nuestra lengua y así nos hemos deshonrado a nosotros mismos y al Cuerpo de Cristo, necesitamos arrepentirnos y pedir a Dios que nos perdone y nos limpie. Es posible que también necesitemos pedir el perdón de los que hemos ofendido.

Más allá de eso, necesitamos aprender cómo protegernos de las heridas y las palabras dañinas que otros pueden hablar contra nosotros. Este tema de la protección lo tratamos en la Sección 3.

15

Las oraciones engendradas en el alma

Muchos cristianos son sacudidos cuando se les confronta con el daño que causan al hablar indebidamente entre ellos de otras personas. Sin embargo, el golpe es aún superior cuando confrontan el daño todavía mayor que pueden causar cuando hablan indebidamente de otros "en sus oraciones a Dios". Presumen que la oración siempre es aceptable y que sus efectos siempre son buenos. Pero la Biblia no respalda esa creencia.

En Proverbios 28:9, por ejemplo, se nos advierte:

> *El que aparta su oído para no oír la ley, su oración también es abominable.*

Dios ha establecido en la Biblia los principios de la oración que son aceptables para él. Cualquiera que haga caso omiso a esos principios y ofrezca una oración que sea opuesta a ellos, disgusta a Dios y provoca su rechazo de esa oración. Para calificarla, Salomón usa uno de los términos de desaprobación más fuertes que hay en la Biblia: "abominación".

Debido a que es tan importante para nosotros orar correctamente, no debemos confiar en nuestra propia sabiduría para ello. Compasivamente, Dios no nos ha dejado en libertad para emplear nuestros propios recursos. Ha puesto a nuestra disposición un Ayudador divino: el Espíritu Santo. Capacitados por él, podemos pronunciar oraciones que Dios acepta. Pero separados del Espíritu Santo somos incapaces de orar de modo que agrade a Dios o que cumpla sus propósitos.

En Romanos 8:26-27 Pablo puso bien en claro estas verdades:

> *Y de igual manera el Espíritu nos ayuda en nuestra debilidad; pues qué hemos de pedir como conviene, no lo sabemos, pero el Espíritu mismo intercede por nosotros con gemidos indecibles. Mas el que escudriña los corazones sabe cuál es la intención del Espíritu, porque conforme a la voluntad de Dios intercede por los santos.*

Todos tenemos ciertas debilidades en nuestra naturaleza carnal. No son debilidades del cuerpo, sino del entendimiento. Se manifiestan de dos maneras relacionadas: Primero, con frecuencia no sabemos "qué" hemos de pedir. Segundo, incluso cuando sabemos "qué" debemos de pedir, no sabemos "cómo" pedirlo. Por lo tanto dependemos totalmente del Espíritu Santo. Sólo él puede mostrarnos no sólo el "qué" pedir, sino el "cómo" pedirlo.

En dos pasajes de Efesios, Pablo vuelve a subrayar nuestra dependencia del Espíritu Santo para que nos dicte oraciones que Dios acepte. En Efesios 2:18 hace hincapié en que el Espíritu Santo es el único que puede darnos acceso a Dios:

> *Porque por medio de él [Jesús] los unos y los otros [judíos y gentiles] tenemos entrada por un mismo Espíritu [el Espíritu Santo] al Padre.*

Aquí se combinan dos condiciones para que Dios acepte la oración: *por medio de* Jesús y *por* el Espíritu Santo. Ambos son esenciales.

No hay fuerza natural que pueda hacer llegar nuestras insignificantes voces humanas hasta los mismos oídos de Dios en su trono en el cielo. Unicamente el poder sobrenatural del Espíritu Santo puede hacerlo. Sin él, no tenemos acceso a Dios.

Además, en Efesios 6:18, Pablo insiste otra vez en nuestra necesidad de que el Espíritu Santo nos ayude, sobre todo al orar por nuestros hermanos creyentes. El dice que debemos orar:

> *En todo tiempo con toda oración y súplica en el Espíritu [el Espíritu Santo]... por todos los santos.*

Sólo oraciones pronunciadas "en el Espíritu Santo" pueden traer sobre quienes oramos la ayuda y el ánimo que necesitan.

Entonces, ¿cómo podemos conseguir la ayuda del Espíritu Santo? Los dos requisitos primordiales son "la humildad" y "la pureza de los motivos". Primero, tenemos que humillarnos ante el Espíritu Santo y reconocer que lo necesitamos. Entonces debemos permitirle que nos limpie de todos nuestros motivos equivocados y actitudes egoístas, y que nos inspire con amor y preocupación sinceros por quienes deseamos orar.

Las oraciones que inspira el Espíritu Santo no tienen que ser largas o elocuentes. Dios no se impresiona por frases bien dichas ni el tono solemne de la voz. Algunas de las oraciones más eficaces en la Biblia fueron asombrosamente simples. Cuando Moisés oró por su hermana, María, que había sido castigada con lepra, sólo dijo: *Te ruego, oh Dios, que la sanes ahora* (Números 12:13). Cuando el publicano oró en el Templo, sólo murmuró una breve oración: *Dios, sé propicio a mí, pecador* (Lucas 18:13). Sin embargo, sabemos que Dios escuchó y contestó ambas oraciones.

Si usted siente la necesidad de orar, pero no sabe cómo empezar, limítese a pedirle ayuda a Dios. Aquí tiene unas palabras sencillas que puede usar:

> "Señor, necesito orar, pero no sé cómo. Por favor ayúdame con tu Santo Espíritu para pronunciar la clase de oración que tú escucharás y contestarás".

Después de esto, acepte por fe la respuesta de Dios y ore lo que sienta en su corazón. Jesús nos ha asegurado que si le pedimos pan a Dios, nunca nos dará una piedra (Mateo 7:9).

Supongamos, no obstante, que no nos sometemos al Espíritu Santo ni buscamos su dirección. En vez, oramos movidos por envidia y egoísmo (ver Santiago 3:14) o por otras actitudes carnales, como el resentimiento, el enojo, la crítica o la autojustificación. El Espíritu Santo no respaldará oraciones que procedan de semejantes actitudes, ni las presentará ante el Padre.

Por lo tanto, es inevitable que nuestra oración degenere en el "síndrome" de Santiago 3:15: terrenal - animal - diabólica. El efecto de semejante oración engendrada en el alma es como el de la conversación originada en el alma: negativo, no positivo. Libera contra aquellos por quienes estamos orando presiones invisibles e indefinibles, que no los relevan de sus cargas, sino que más bien se añaden a ellas.

En particular, cuando oramos por nuestros hermanos creyentes, hay dos actitudes que se engendran en el alma contra las que debemos estar en guardia: no debemos "acusarlos", y no debemos tratar de "controlarlos".

Es demasiado fácil ver las faltas de otros cristianos. En realidad, con frecuencia eso es lo que nos motiva a orar por ellos. Es correcto orar, pero es preciso que tengamos cuidado de cómo oramos. No estamos autorizados para presentarnos ante Dios con una lista de sus faltas.

Cuando empezamos a desempeñar el papel de acusadores, seguimos el patrón de Satanás, no el de Cristo. El principal título de Satanás —*diablo*— significa "calumniador" o "acusador". En Apocalipsis 12:10 se le describe como el que acusa a los cristianos día y noche ante Dios. El ha estado ocupado en esto desde tiempos inmemoriales y es un experto en ello. ¡No necesita que los cristianos lo ayudemos!

He observado que en casi todas las oraciones de Pablo por sus hermanos cristianos —tanto individuos como congregaciones— empieza dando gracias a Dios por ellos. Un ejemplo notable es el principio de 1 Corintios. De acuerdo con lo que Pablo escribe más adelante en la carta, había multitud de pecados en aquella congregación: disensiones entre los miembros; carnalidad; incesto; borracheras en la Cena del Señor. Sin embargo, Pablo inicia su carta con una elocuente acción de gracias:

> *Gracias doy a mi Dios siempre por vosotros, por la gracia de Dios que os fue dada en Cristo Jesús; porque en todas las cosas fuistes enriquecidos en él, en toda palabra y en toda ciencia; así como el testimonio acerca de Cristo ha sido confirmado en vosotros, ...el cual también os confirmará hasta el fin, para que seáis irreprensibles en el día de nuestro Señor Jesucristo.*
>
> 1 Corintios 1:4-6, 8

Dar gracias al empezar una oración tiene un importante efecto psicológico. Crea una actitud "positiva" en quien está orando. A partir de tal inicio, es mucho más fácil seguir orando con fe positiva, aun cuando no ignoremos los serios pecados o problemas de aquellos por quienes estamos orando. Por mi parte, tengo como principio no orar jamás por mis hermanos creyentes sin primero dar gracias a Dios por ellos. Si no puedo hacer eso, ¡entonces creo que es mejor no orar en absoluto!

Un misionero en la India de la generación anterior, desarrolló un ministerio de oración tan eficaz que llegó a conocérsele como "el orante Hyde". En una ocasión estaba orando por un evangelista indio cuyo ministerio carecía tanto de fuego como de fruto. Estaba a punto de decir: "Señor, tú sabes cuán frío es este hermano". Llegó a pronunciar sólo: "Señor tú sabes cuán..." pero el Espíritu Santo no le permitió completar su oración.

De repente Hyde se percató de que no era asunto suyo acusar a su consiervo. En lugar de concentrarse en las faltas del hombre, empezó a dar gracias a Dios por todo lo bueno que pudo encontrar en él. En pocos meses, el hermano indio se había transformado notablemente. Llegó a ser conocido por toda aquella región como un dedicado y eficiente ganador de almas.

Ese es el poder de la oración afirmada en la apreciación positiva y el agradecimiento de todo lo bueno que hay en la persona. Pero supongamos que Hyde no hubiera sido sensible al Espíritu Santo y hubiese continuado orando en un espíritu negativo y condenatorio. ¿No hubiera sido la oración igual de eficaz, mas en sentido negativo en vez de positivo? ¿No hubiera traído sobre su hermano siervo una carga de condenación tan pesada que quizás no hubiera podido superar?

De tiempo en tiempo, como muchos otros cristianos, experimento períodos de "pesadez" espiritual. De algún modo indefinido, empiezo a sentirme culpable o inadecuado o indigno. No obstante, puede ser que no perciba nada específico en mi vida o conducta que explique estos sentimientos.

En tales situaciones, he aprendido por experiencia que la causa pudiera no estar en mí en absoluto. Mi "pesadez" pudiera deberse a otro cristiano —bien intencionado pero mal orientado— que me está acusando delante de Dios. La sensación de "culpa" especialmente, es con frecuencia una señal de advertencia. Después de todo, la culpa es el resultado lógico de la acusación. Una vez diagnosticado correctamente mi problema, me vuelvo a mi Sumo Sacerdote, quien ve todas mis faltas y sin cesar defiende mi caso ante el Padre.

Escasamente existe tal cosa como una oración que no sea eficaz. La cuestión no es si nuestras oraciones tienen efecto o no, sino si su efecto es positivo o negativo. Esto lo determina el poder que obra en ellas. ¿Están verdaderamente inspiradas por el Espíritu Santo? ¿O son falsificaciones originadas en el alma?

La intercesión verdadera está basada en el patrón de Jesús, como está descrito en Romanos 8:33-34:

> *¿Quién acusará a los escogidos de Dios? Dios es el que justifica. ¿Quién es el que condenará? Cristo es el que murió; más aún, el que también resucitó, el que además está a la diestra de Dios, el que también intercede por nosotros.*

Cristo ve ciertamente nuestras faltas como creyentes más claramente de lo que nosotros vemos las de los demás. Pero su intercesión en favor de nosotros no da como resultado nuestra condenación, sino nuestra justificación. El no establece nuestra culpa, sino nuestra justicia.

Nuestra intercesión por nuestros hermanos creyentes debe seguir el mismo patrón. ¿Nos atreveremos a presentar cargos contra quienes Dios ha escogido? ¿O a condenar a los que Dios ha justificado? ¡Esa sería la mayor de las presunciones!

El mensaje de la Biblia es inequívoco. No deja lugar para que acusemos en oración a nuestros hermanos creyentes. Hay, sin embargo, una segunda tentación para usar mal el poder de la oración, más sutil y difícil de detectar. Toma la forma de usar la oración para "controlar" a aquellos por quienes oramos.

Hay algo en nuestra naturaleza adámica caída que nos hace desear controlar a otra gente e imponer nuestra voluntad sobre ellos. En el capítulo 6 se señaló que este deseo de dominar a otros es la raíz que produce la hechicería; primero como una obra de la carne, y después como una práctica ocultista.

Una de las palabras claves que indican que esta fuerza está operando, es la "manipulación". Hay incontables campos en los que la gente pude recurrir a la manipulación para conseguir lo que desea de otros. Los esposos manipulan a sus esposas, y las esposas a sus esposos; los hijos a los padres; los predicadores a sus congregaciones; ¡y los medios de publicidad al público en general! Es una práctica tan común que la gente no suele reconocerla; ni en sí mismos ni en otros.

Sin embargo, la manipulación no es la voluntad de Dios. El jamás nos manipula, y nunca nos autoriza para que manipulemos a otras personas. Cuando recurrimos a la manipulación, hemos pasado del ámbito espiritual al anímico de la carne. Estamos operando en una forma de sabiduría que no es de lo alto.

Como normalmente creemos que la oración es algo bueno y espiritual, presumimos que cualesquier resultados que consigamos por medio de ella son necesariamente legítimos y tienen que representar la voluntad de Dios. Esto es cierto si el poder que obra a través de nuestras oraciones es del Espíritu Santo. Pero si nuestras oraciones están motivadas por nuestra propia determinación anímica, su efecto será dañino, y no beneficioso.

Tras esta clase de oración anímica con frecuencia yace una presunción arrogante de que tenemos derecho a "desempeñar el papel de Dios" en la vida de otros. En realidad, sin embargo, cualquier influencia que podamos buscar para hacer a un lado la soberanía de Dios sobre la vida de un individuo *no* es del Espíritu Santo.

Hay muchas situaciones diferentes en que los cristianos pueden sentirse tentados a orar en un sentido que parece espiritual, pero que en realidad se origina en el alma. He aquí dos ejemplos típicos:

1. Oraciones acusatorias y condenatorias

Es seguro que una "división" en una iglesia saque a flote los elementos anímicos de todas las partes implicadas. En este caso, el pastor Jones, de la Primera Iglesia del Evangelio Completo, descubre que su esposa lo engaña con el hermano Williams, el músico principal. Se divorcia de su esposa y despide al hermano Williams.

Este, sin embargo, se niega a admitir el cargo de adulterio. Se queja de "injusticia", se gana a la mitad de la congregación para su causa, y empieza una nueva iglesia. De ahí en adelante se inicia una larga disputa entre los dos grupos, con respecto a la división de los fondos del edificio.

Un año después el pastor Jones se vuelve a casar. El hermano Williams y su grupo lo acusan de que no es bíblico que un ministro divorciado se case de nuevo. Empiezan a celebrar reuniones de oración especiales para traer "juicio" sobre él.

En los dos años que siguen, la nueva esposa del pastor Jones queda embarazada dos veces, pero cada vez su embarazo termina en aborto. El ginecólogo no puede hallar ninguna causa médica para los abortos. El hermano Williams y su grupo aclaman esto como la respuesta a sus oraciones y la venganza de Dios por su justa causa.

Estoy de acuerdo con su primera conclusión. Sus oraciones son responsables de los dos abortos. Pero ¿cuál fue el poder que obró a través de esas oraciones? Puesto que el Espíritu Santo en las Escrituras advierte muy claramente que no podemos juzgar a nuestros hermanos creyentes, él jamás les daría su autoridad a los que oran con semejantes motivos. El único diagnóstico posible sigue siendo el de Santiago 3:15. El poder que ha obrado a través de semejantes oraciones es "terrenal, animal, diabólico".

2. Oraciones manipuladoras y dominadoras

El pastor Strong está acostumbrado a dominar a quienes están a su alrededor. Es un viudo con dos hijos y una hija. Espera que ambos hijos se conviertan en ministros, pero al final éstos escogen carreras seculares. María, la hija, permanece en el hogar. Está dedicada a su padre y ayuda muy activamente en la congregación.

En una campaña evangelizadora María conoce a Bob, un obrero cristiano de otra denominación, y empiezan un noviazgo. Sin embargo, al pastor Strong no le gusta la iglesia a la que pertenece Bob y se opone a las relaciones desde el principio. También tiene miedo de perder la ayuda de María, en la casa y en la iglesia. María al fin se muda de su hogar para compartir un apartamento con una amiga. El pastor Strong considera que eso es "rebelión". Cuando María le dice que está comprometida, se dedica a orar contra el matrimonio planeado.

Bob y María siguen adelante con sus planes, pero mientras más se conocen, más tensa se vuelve su relación. Ninguno parece capaz de relajarse en presencia del otro. De algún modo, unos equívocos sin importancia terminan en enfrentamientos penosos. Cada actividad que planean juntos termina en inexplicable frustración. Hasta que María dice: "Bob, ¡ésta no puede ser la voluntad de Dios para nosotros!" y le devuelve su anillo.

María decide que la forma de salir de su frustración es romper todo contacto con cristianos profesantes. Alejada de su padre y de la iglesia, sigue a sus hermanos en sus carreras seculares. Al final conoce y se casa con un hombre agnóstico.

¿Cómo podemos evaluar las oraciones del pastor Strong? Ciertamente fueron eficaces, pero su efecto fue dañino. Surgieron de su deseo de toda la vida de dominar a quienes lo rodeaban. Fueron lo suficientemente poderosas para romper una relación que pudo haberle traído felicidad y plenitud a su hija. Pero más allá de eso, no pudieron traerla de regreso a su fe, ni guardarla de un subsecuente matrimonio desaprobado por las Escrituras. El poder de la oración que trae semejantes resultados negativos no procede del Espíritu Santo.

Los principios ilustrados por estos dos ejemplos se aplican a muchas diferentes clases de situaciones en la vida contemporánea de la iglesia. La lección que hacen valer es sumamente importante: el poder de la oración engendrada en el alma no sólo es real sino peligroso. El resultado que produce no es una bendición, sino una maldición.

Hay que lidiar con el pecado de la oración anímica de la misma forma que con el pecado de la conversación engendrada en el alma, descrito en el capítulo anterior. Si somos culpables, necesitamos arrepentirnos y buscar el perdón de Dios. Puede ser que también tengamos que pedir el perdón de los que han sido afectados por la influencia negativa de nuestras oraciones.

Finalmente, tenemos que renunciar firmemente a cualquier intento futuro tanto de acusar a otras personas como de dominarlas por las palabras que pronunciamos en oración.

16

Resumen de la Sección 2

Los diez capítulos anteriores han tratado con muchas de las más importantes causas de maldiciones tal como están reveladas en la Biblia. Será muy útil dar fin a esta sección con un resumen de estas causas.

- El reconocimiento o la adoración de falsos dioses, o ambas cosas.
- Toda participación en el ocultismo.
- Faltar el respeto a los padres.
- Toda forma de opresión o injusticia, sobre todo cuando la víctima es el débil y el indefenso.
- Toda forma de sexo ilícito o antinatural.
- El antisemitismo.
- El legalismo, la carnalidad, la apostasía.
- El robo o el perjurio.

- No entregarle a Dios el dinero u otros recursos materiales a los que él tenga derecho.
- Las palabras pronunciadas por personas con autoridad, como padre, madre, esposo, esposa, maestro, sacerdote o pastor.
- Las maldiciones autoimpuestas.
- Compromisos o juramentos que atan a las personas en asociaciones impías.
- Las maldiciones que proceden de los siervos de Satanás.
- Las conversaciones engendradas en el alma dirigidas contra otras personas.
- Las oraciones engendradas en el alma que acusan o tratan de dominar a otros.

Además, hay maldiciones por otras causas o de otras fuentes, mencionadas en la Biblia, que no están incluidas en la lista anterior. Las más notables de éstas están relacionadas más abajo en el orden en que aparecen en la Biblia. No se incluyen varios pasajes que sólo reafirman las maldiciones pronunciadas en Deuteronomio 27 y 28.

Es digno de notar que la mayoría de las personas que incurren en la maldición de Dios está formada por profetas, sacerdotes y maestros infieles y engañadores. Estos han sido señalados con un asterisco.

Una maldición contra los moradores de Meroz porque no se unieron a Barac como líder del ejército del Señor contra Sísara (Jueces 5:13).

Una maldición de Jotam sobre quienes habían asesinado a los hijos de Gedeón (Jueces 9:57).

Una maldición sobre Jezabel por hechicería e inmoralidad (2 Reyes 9:34 - compare a 2 Reyes 9:22).

Una maldición sobre quienes rechazan los mandamientos de Dios por soberbia (Salmo 119:21).

Una maldición sobre la casa del impío (Proverbios 3:33).

Una maldición sobre la tierra porque sus habitantes la han profanado, cambiando y transgrediendo las leyes y el pacto de Dios (Isaías 24:6).

Una maldición sobre el pueblo de Edom por su persistente enemistad y traición hacia Israel (Isaías 34:5).

* Una maldición sobre los falsos profetas que prometían paz al pueblo que estaba desobedeciendo a Dios (Jeremías 29:18).

* Una maldición sobre los falsos profetas que cometieron inmoralidades (Jeremías 29:22).

* Una maldición sobre los israelitas que bajaron a Egipto en desafío a las advertencia de Dios (Jeremías 42:18 - compare con Jeremías 44:8, 12).

* Una maldición sobre cualquier hombre que deje de llevar a cabo el juicio del Señor sobre sus enemigos (Jeremías 49:10).

* Una maldición sobre las bendiciones de los sacerdotes que rechazaran la disciplina de Dios (Malaquías 2:2).

* Una maldición a las naciones "cabritos" que no mostraron misericordia a los hermanos de Jesús (Mateo 25:41).

* Una maldición sobre el pueblo al que se le enseña la verdad de Dios, pero no produce fruto adecuado (Hebreos 6:8.

* Una maldición sobre los falsos maestros que son culpables de codicia, engaño e inmoralidad (2 Pedro 2:14).

Sección 3

De la maldición a la bendición

Introducción

Ha llegado a ver usted ahora que su vida ha sido arruinada por una maldición? ¿Se pregunta usted si hay alguna salida para escapar de la sombra tenebrosa que le ha estado privando de la luz de la bendición de Dios?

¡Sí! ¡hay una salida! *Pero solamente una:* por la muerte en el sacrificio de Jesús en la cruz.

Esta sección explicará en términos sencillos y prácticos cómo puede usted encontrar y seguir el camino de salida: de las sombras a la luz del sol, de la maldición a la bendición.

Para animarse más, lea —en el capítulo 20— la historia de un hombre que encontró el camino de salida de la frustración y la desesperanza a la plenitud y la realización. ¡Usted puede hacer lo mismo!

17

El intercambio divino

Todo el mensaje del evangelio gira alrededor de un singular suceso histórico: la muerte en el sacrificio de Jesús en la cruz. Al respecto el escritor de Hebreos dice:

> *Porque con una sola ofrenda hizo perfectos para siempre a los santificados.*
>
> Hebreos 10:14

Se combinan dos expresiones poderosas: "perfectos" y "para siempre". Juntas, describen un sacrificio que comprende todas las necesidades de todo el género humano. Además, sus efectos se extienden a través del tiempo hasta la eternidad.

Es en base a este sacrificio que Pablo escribe en Filipenses 4:19:

> *Mi Dios, pues, suplirá todo lo que os falta conforme a sus riquezas en gloria en Cristo Jesús.*

"Todo lo que os falta" incluye, específicamente, la liberación de una maldición que usted busca. Pero primero necesita ver esto como parte de un todo mucho mayor: un solo acto soberano de Dios que reunió toda la culpa y el sufrimiento de la humanidad en un solo momento de clímax.

Dios no ha proporcionado muchas soluciones diferentes para los multitudinarios problemas de la humanidad. En su lugar, nos ofrece una solución que los resuelve todos, es su respuesta para todos los problemas. Podemos proceder de muchos trasfondos diferentes, cada uno de nosotros cargado con su propia necesidad especial, pero para recibir la solución de Dios todos tenemos que abrirnos paso al mismo lugar: la cruz de Cristo.

El relato más completo de lo que se consiguió en la cruz lo dio el profeta Isaías setecientos años antes de que sucediera. En Isaías 52:10 el profeta describe a un "siervo del Señor" cuya alma sería ofrecida a Dios como una ofrenda por el pecado. Los escritores del Nuevo Testamento unánimemente identifican a este siervo anónimo como Jesucristo. Isaías 53:6 resume el propósito divino logrado por su sacrificio:

> *Todos nosotros nos descarriamos como ovejas, cada cual se apartó por su camino; mas Jehová cargó en él el pecado de todos nosotros.*

He aquí el problema básico y total, de toda la humanidad: nos hemos apartado, cada cual, por nuestro propio camino. Hay varios pecados específicos que muchos de nosotros jamás hemos cometido, como asesinato, adulterio, robo y otros semejantes. Pero todos tenemos esto en común: nos hemos apartado por nuestro camino. Al hacerlo, *le hemos vuelto la espalda a Dios*. La palabra hebrea que resume esto es *avon,* que aquí se traduce "pecado". Quizás el equivalente más cercano en la lengua contemporánea sería "rebelión"; no contra un hombre, sino contra Dios. En el capítulo 4 vimos que ésta es la causa primordial para las maldiciones enumerada en Deuteronomio 28.

No obstante, ninguna palabra nuestra, ya sea "pecado", "iniquidad" o "rebelión", expresa todo el significado de *avon*. En su uso bíblico, *avon* describe no únicamente el pecado, sino también el "castigo" o las "consecuencias malignas" que siguen al pecado.

En Génesis 4:13, por ejemplo, después que Dios hubo pronunciado su juicio sobre Caín por el asesinato de su hermano, Caín dice: *Grande es mi castigo para ser soportado.* La palabra que aquí se traduce "castigo" es *avon.* Cubría no solamente el "pecado" de Caín, sino también el "castigo" que ese pecado traía sobre él.

En Levítico 16:22, refiriéndose al chivo expiatorio liberado en el Día de la Expiación, el Señor dijo:

> *El macho cabrío llevará sobre sí todas las iniquidades de ellos a tierra inhabitada.*

En este simbolismo, el chivo llevaba no solamente los pecados de los israelitas, sino también las consecuencias de sus pecados.

En Lamentaciones 4 *avon* aparece dos veces con esos significados. En el versículo 6 se traduce: "La iniquidad" de la hija de mi pueblo. Y en el versículo 22: "Se ha cumplido tu castigo, oh hija de Sión". En cada caso la misma palabra *avon* se traduce como "castigo" y como "iniquidad". Recapitulando: en su sentido más completo, *avon* significa no sólo "pecado" o "iniquidad", sino también incluye "todas las consecuencias malignas" que el juicio de Dios trae sobre el pecado.

Esto se aplica al sacrificio de Jesús en la cruz. Jesús no era culpable de pecado alguno. En Isaías 53:9 el profeta dice:

> *Nunca hizo maldad, ni hubo engaño en su boca.*

Pero en el versículo 6 dice:

> *Jehová cargó en él el pecado de todos nosotros.*

No sólo se identificó Jesús con nuestro pecado, sino que sufrió todas las consecuencias malignas de ese pecado. Como el chivo expiatorio que lo había prefigurado, él se los llevó de modo que jamás pudieran volver sobre nosotros.

He aquí el verdadero significado y propósito de la cruz. En ella tuvo lugar un intercambio ordenado por Dios. Primero, Jesús sufrió en lugar nuestro las consecuencias del mal que merecíamos por justicia divina sobre nuestros pecados. Entonces, a cambio, Dios nos ofrece todo el bien que merecía la obediencia sin pecado de Jesús.

En pocas palabras, el mal debido a nosotros cayó sobre Jesús para que, a cambio, el bien debido a Jesús pudiera sernos ofrecido a nosotros. Dios tiene la capacidad legítima de ofrecernos esto sin ceder nada de su eterna justicia, porque Jesús ya ha soportado en favor de nosotros todo el justo castigo debido a nuestro pecado.

Todo esto procede únicamente de la insondable gracia de Dios, y se recibe sólo por fe. No hay explicación lógica en términos de causa y efecto. Ninguno de nosotros ha hecho nunca algo que merezca semejante oferta, y ninguno de nosotros puede hacer algo jamás para ganarla.

La Escritura revela muchos aspectos diferentes del intercambio y muchos campos distintos en que se aplica. En cada caso, sin embargo, se mantiene el mismo principio: "El mal cayó sobre Jesús para que el bien correspondiente pudiera sernos ofrecido".

Isaías 53:4-5 revela los primeros dos aspectos del intercambio:

> *Ciertamente llevó él nuestras enfermedades, y sufrió nuestros dolores; y nosotros le tuvimos por azotado, por herido de Dios y abatido. Mas él herido fue por nuestras rebeliones, molido por nuestros pecados; el castigo de nuestra paz fue sobre él, y por su llaga fuimos nosotros curados.*

Hay dos verdades entrelazadas aquí. La aplicación de una es espiritual y la otra física. En el plano espiritual, Jesús recibió el castigo debido a nuestras transgresiones e iniquidades para que nosotros, en cambio, pudiéramos ser perdonados y así tener paz con Dios. (Ver Romanos 5:1.) En el plano físico, Jesús llevó nuestras enfermedades y dolores para que nosotros pudiéramos ser sanados por sus heridas.

La aplicación física del intercambio está confirmada en dos pasajes del Nuevo Testamento. Mateo 8:16-17 se refiere a Isaías 53:4 y dice que Jesús:

> *Sanó a todos los enfermos; para que se cumpliese lo dicho por el profeta Isaías, cuando dijo: "El mismo tomó nuestras enfermedades, y llevó nuestras dolencias".*

Y también, en 1 Pedro 2:24, el apóstol se refiere a Isaías 53:5-6 y dice de Jesús:

> *Quien llevó él mismo nuestros pecados en su cuerpo sobre el madero, para que nosotros, estando muertos a los pecados, vivamos a la justicia; y por cuya herida fuisteis sanados.*

El doble intercambio descrito en los versículos anteriores puede resumirse así:

> Jesús fue CASTIGADO para que nosotros pudiésemos ser PERDONADOS.
>
> Jesús fue HERIDO para que nosotros pudiéramos ser SANADOS.

En Isaías 53:10 se revela un tercer aspecto del intercambio, declarando que el Señor puso el alma de Jesús "en expiación por el pecado". Esto hay que comprenderlo a la luz de los reglamentos mosaicos para varios formas de expiación por el pecado. La persona que había pecado tenía que entregar su ofrenda de expiación —una oveja, un chivo, un toro o algún otro animal— al sacerdote. Debía confesar su pecado sobre la ofrenda, y el sacerdote transfería simbólicamente al animal el pecado que él había confesado. Entonces el animal sería muerto, pagando así el castigo por el pecado que había sido transferido a éste.

En la presciencia de Dios, todo esto estaba diseñado para prefigurar lo que sería llevado a cabo por medio de un único sacrificio, suficiente, por completo, de Jesús. En la cruz, el pecado de todo el mundo fue transferido al alma de Jesús. El resultado se describe en Isaías 53:12:

> *Derramó su vida hasta la muerte.*

Por medio de su muerte en sacrificio sustitutivo, Jesús hizo expiación por el pecado de toda el género humano.

En 2 Corintios 5:21 Pablo se refiere a Isaías 53:10 y al mismo tiempo presenta el aspecto positivo del intercambio:

> *Al que no conoció pecado [Jesús], por nosotros [Dios] Lo hizo pecado, para que nosotros fuésemos hechos justicia de Dios en él.*

Pablo no habla aquí acerca de ninguna clase de justicia que nosotros podamos lograr por nuestros esfuerzos, sino acerca de la propia justicia de Dios; una justicia que nunca conoció pecado. Ninguno de nosotros puede jamás ganarse esto. Está tan por encima de nuestra propia justicia como el cielo está por encima de la tierra. Se recibe únicamente por fe.

Este tercer aspecto del intercambio puede resumirse como sigue:

> Jesús fue hecho PECADO por NUESTROS PECADOS y nosotros fuimos hechos JUSTOS por SU JUSTICIA.

Este aspecto del intercambio es el resultado lógico del anterior. La Biblia entera, tanto en el Antiguo Testamento como en el Nuevo, subraya que el resultado final del pecado es la muerte. En Ezequiel 18:4 el Señor declara:

El alma que pecare, ésa morirá.

En Santiago 1:15 el apóstol dice:

El pecado, siendo consumado, da a luz la muerte.

Cuando Jesús quedó identificado con nuestro pecado, era inevitable que también experimentara la muerte, fruto del pecado.

Confirmando esto, en Hebreos 2:9 el escritor dice:

Vemos a aquel que fue hecho un poco menor que los ángeles, a Jesús, coronado de gloria y de honra, a causa del padecimiento de la muerte, para que por la gracia de Dios gustase la muerte por todos.

La muerte que él padeció era el resultado inevitable del pecado humano que él había tomado sobre sí mismo. El cargó el pecado de todos los hombres, y así padeció la muerte merecida por todos los hombres.

A cambio, a todos los que acepten su sacrificio sustitutivo, Jesús ahora les ofrece el don de la vida eterna. En Romanos 6:23 Pablo fija las dos opciones, una junto a la otra:

Porque la paga [recompensa justa] del pecado es muerte, mas la dádiva [no ganada] de Dios es vida eterna en Cristo Jesús Señor nuestro.

Por lo que el cuarto aspecto del intercambio puede resumirse así:

Jesús murió NUESTRA MUERTE para que nosotros pudiéramos compartir SU VIDA.

En 2 Corintios 8:9 Pablo establece otro aspecto más del intercambio:

Porque ya conocéis la gracia de nuestro Señor Jesucristo, que por amor a vosotros se hizo pobre, siendo rico, para que vosotros con su pobreza fueseis enriquecidos.

El intercambio está claro: de la pobreza a la riqueza. Jesús se hizo pobre para que nosotros, a la vez, pudiéramos ser ricos.

¿Cuándo se hizo pobre Jesús? Algunos lo imaginan pobre durante todo su ministerio en la tierra, pero no es exactamente así. El mismo no llevaba en su persona mucho dinero, pero en ningún momento careció de lo que necesitaba. Cuando envió a sus discípulos delante de él por todas partes, éstos tampoco necesitaron nada (Lucas 23:35). Aunque eran pobres, él y sus discípulos tenía la costumbre de darle a los pobres (Ver Juan 12:4-8; 13:29).

Es cierto que los métodos de Jesús para obtener dinero a veces no eran muy convencionales, ¡pero el dinero tiene el mismo valor, tanto sacado de un banco como de la boca de un pez! (Ver Mateo 17:27). Sus métodos para proveer comida eran también a veces poco convencionales, ¡pero un hombre que puede proporcionar una comida sustancial a cinco mil hombres, más las mujeres y los niños, ciertamente no sería considerado pobre de acuerdo con las normas establecidas! (Ver Mateo 14:15-21).

En realidad, a lo largo de su ministerio en la tierra, Jesús ejemplificó exactamente la "abundancia" tal como se define en el capítulo 5. El siempre tuvo todo lo que necesitó para hacer la voluntad de Dios en su vida. Sobre todo esto, dio continuamente a otros, y su provisión nunca se acabó.

Entonces, ¿cuándo fue que Jesús se hizo pobre por nosotros? La respuesta es: *en la cruz*. En Deuteronomio 28:48 Moisés resume la pobreza absoluta en cuatro frases: hambre, sed, desnudez y necesidad de todas las cosas. Jesús experimentó todo eso a plenitud en la cruz:

Tuvo *hambre* No había comido en casi 24 horas.

Tuvo *sed.* Una de sus últimas frases fue: "¡Tengo sed!" (Juan 19:28).

Estaba *desnudo.* Los soldados se apoderaron de todas sus ropas (Juan 19:23).

Tenía *necesidad de todas las cosas.* Ya no poseía nada en absoluto. Después de su muerte lo enterraron envuelto en una sábana de otro y en una tumba prestada (Lucas 23:50-53). Por lo tanto, Jesús, exacta y completamente, padeció la "absoluta pobreza" por nosotros.

En 2 Corintios 9:8 Pablo presenta más completamente el lado positivo del intercambio:

> *Y poderoso es Dios para hacer que abunde en vosotros toda gracia, a fin de que, teniendo siempre en todas las cosas, todo lo suficiente, abundéis para toda buena obra.*[1]

Pablo tiene cuidado en decir específicamente y todo el tiempo que la única base para este intercambio es la "gracia" de Dios. Jamás puede ganarse. Sólo puede recibirse por fe.

Con frecuencia nuestra "abundancia" será como la de Jesús mientras estaba en la tierra. Puede ser que no llevemos en nuestra persona grandes cantidades de efectivo, ni tengamos grandes depósitos en el banco. Pero día a día tendremos lo suficiente para nuestras propias necesidades y algo más para las de otros.

Las palabras de Jesús citadas en Hechos 20:35 indican una importante razón para este nivel de provisión:

---

1 En el capítulo 5 comentamos otras implicaciones de este versículo.

Más bienaventurado es dar que recibir.

El propósito de Dios es que todos sus hijos sean capaces de disfrutar las mayores bendiciones. El nos provee, por lo tanto, con lo suficiente para cubrir nuestras propias necesidades y algo más para las necesidades de otros.

Este quinto aspecto del intercambio puede resumirse así:

Jesús se hizo POBRE con NUESTRA POBREZA para que nosotros pudiésemos ser RICOS con SUS RIQUEZAS.

El intercambio en la cruz cubre también las formas emocionales de sufrimiento que siguen al pecado del hombre. En esto también Jesús padeció el mal para que nosotros en su lugar disfrutáramos del bien. Dos de las más crueles heridas que nos caen encima por nuestro pecado son la "vergüenza" y el "rechazo". Ambos cayeron sobre Jesús en la cruz.

La *vergüenza* puede variar en intensidad desde turbación extrema hasta la atenazante sensación de indignidad que aparta a una persona de la significante comunión con Dios o con el hombre. Una de las causas más comunes —que se extiende más y más en nuestra sociedad contemporánea— es alguna forma de abuso o agresión sexual en la niñez. Con frecuencia deja cicatrices que pueden sanar únicamente por la gracia de Dios.

Hablando de Jesús en la cruz, el escritor de Hebreos dice: Sufrió la cruz, menospreciando el oprobio.

Hebreos 12:2

La ejecución en la cruz era la más vergonzosa de todas las formas de muerte, reservada para la más baja ralea de criminales. La persona que iba a ser ejecutada se la despojaba de toda su ropa y se dejaba desnuda, expuesta a la mirada curiosa de los transeúntes, que se reían y se burlaban de él. Este fue el grado de vergüenza que Jesús soportó cuando colgó de la cruz (Mateo 27:35-44).

El propósito de Dios es atraer a quienes creen en él para que, en lugar de la vergüenza que Jesús soportó, compartan su gloria eterna. En Hebreos 2:10 el escritor dice:

Porque convenía a aquel [Dios]... que habiendo de llevar muchos hijos a la gloria, perfeccionase por aflicciones al autor de la salvación de ellos [o sea, Jesús].

La vergüenza que Jesús soportó en la cruz ha abierto el camino para que todos los que confían en él sean liberados de su propia vergüenza. No sólo eso, sino que él comparte con nosotros ¡la gloria que le pertenece por derecho eterno!

Hay otra herida que es todavía más dolorosa que la vergüenza. Es el *rechazo*. Por lo regular surge de alguna forma de relación rota. En su más temprana forma, es causada por padres que rechazan a sus propios hijos. El rechazo puede ser activo, expresado en formas negativas y ásperas, o puede ser una mera falta de cariño o de demostrar amor y aceptación. Si una mujer embarazada tiene sentimientos negativos hacia el bebé que lleva en su seno, la criatura probablemente nacerá con un sentido de rechazo... que puede acompañarla hasta la vida adulta e incluso hasta la tumba.

El rompimiento de un matrimonio es otra causa frecuente de rechazo. Esto se describe muy claramente en las palabras del Señor en Isaías 54:6:

Porque como a mujer abandonada y triste de espíritu te llamó Jehová, y como a la esposa de la juventud que es repudiada, dijo el Dios tuyo.

La provisión de Dios para sanar la herida del rechazo está en Mateo 27:46, 50, que describe la culminación de la agonía de Jesús:

Cerca de la hora novena, Jesús clamó a gran voz, diciendo: "Elí, Elí, ¡lama sabactani". Esto es: "Dios mío, Dios mío, ¿por qué me has desamparado?" Jesús, habiendo otra vez clamado a gran voz, entregó el espíritu.

Por primera vez en la historia del universo, el Hijo de Dios clamó a su Padre y no recibió respuesta. Tan completamente identificado estaba Jesús con el pecado del hombre, que la intransigente santidad de Dios hizo que rechazara aun a su propio Hijo. De este modo Jesús padeció el rechazo en su más dolorosa forma: el rechazo de un padre. Casi inmediatamente después, murió, no por las heridas de la crucifixión, sino de un corazón destrozado. Y así consumó el cuadro profético del Mesías dado en el Salmo 69:20: *El escarnio ha quebrantado mi corazón.*

El relato de Mateo prosigue a continuación:

Y he aquí, el velo del templo se rasgó en dos, de arriba abajo.

Esto demostraba simbólicamente que el camino había quedado abierto para el hombre pecador a fin de que pudiera entrar directamente a disfrutar del compañerismo con un Dios santo. El rechazo que sufrió Jesucristo había abierto el camino para que nosotros fuéramos aceptados por Dios como hijos suyos. Pablo resume esto en Efesios 1:5-6:

Habiéndonos predestinado para ser adoptados hijos suyos por medio de Jesucristo, según el puro afecto de su voluntad, ...[Dios] nos hizo aceptos en el Amado.

El rechazo de Jesús trajo por resultado nuestra aceptación.

Nunca más que hoy, se ha necesitado el remedio de Dios para la vergüenza y el rechazo. Estimo que, actualmente, al menos una cuarta parte de los adultos en Norteamérica sufren de las heridas de la vergüenza o el rechazo. Me ha proporcionado un gozo inmenso señalarle a esas personas la sanidad que fluye de la cruz de Jesús.

Los dos aspectos emocionales del intercambio en la cruz que acabamos de analizar pueden resumirse como sigue:

> Jesús cargó con nuestra VERGÜENZA para que nosotros pudiéramos compartir SU GLORIA.
> Jesús soportó el RECHAZO que nos tocaba para que nosotros pudiésemos tener la ACEPTACION de él como hijos de Dios.

Los aspectos del intercambio analizados más arriba cubren algunas de las más elementales y urgentes necesidades de la humanidad, pero en modo alguno son exhaustivos. En realidad, no hay necesidad surgida de la rebelión del hombre que no quede cubierta por el mismo principio de intercambio: "El mal cayó sobre Jesús para que se nos pudiera ofrecer el bien". Una vez que hemos aprendido a aplicar este principio en nuestra vida, eso libera las provisiones de Dios para cada necesidad.

Pero tiene que sostenerse de este principio para resolver esa necesidad especial en su vida: "liberarse de la maldición". En Gálatas 3:13-14 Pablo describe el importante aspecto de este intercambio:

> *Cristo nos redimió de la maldición de la ley, hecho por nosotros maldición (porque está escrito: Maldito todo el que es colgado en un madero) para que en Cristo Jesús la bendición de Abraham alcanzase a los gentiles, a fin de que por la fe recibiésemos la promesa del Espíritu.*

Pablo aplica a Cristo Jesús en la cruz un estatuto de la ley de Moisés, establecido en Deuteronomio 21:23, de acuerdo con el cual una persona ejecutada colgándola de un "madero" (un patíbulo de madera) entraba bajo la maldición de Dios. Entonces señala al resultado opuesto: la bendición.

No hace falta que un teólogo analice este aspecto del intercambio: Jesús se convirtió en una "maldición" para que nosotros pudiésemos recibir la "bendición".

La maldición que cayó sobre Jesús se define como "la maldición de la ley". La misma incluye todas y cada una de las maldiciones, enumeradas por Moisés en Deuteronomio 28, que se examinaron en el capítulo 4. Cada una de estas maldiciones, cayeron en su plenitud sobre Jesús. Así abrió el camino él para que nosotros obtuviéramos *una liberación igualmente plena* y disfrutáramos de las correspondientes bendiciones.

Trate por un momento de imaginarse a Jesús mientras colgaba allí en la cruz. Entonces empezará a apreciar todo el horror de la maldición.

Jesús había sido rechazado por sus propios compatriotas, traicionado por uno de sus discípulos y abandonado por el resto (aunque algunos regresaran después para seguir su agonía final). Fue suspendido desnudo entre la tierra y el cielo. Su cuerpo atormentado por el dolor de innumerables heridas, su alma doblegada bajo el peso de la culpa de toda la humanidad. La Tierra lo había rechazado y el cielo no respondía a su lamento. Mientras se extinguía la luz del sol y lo cubrían las tinieblas, la vida en su sangre se escurría hacia el suelo pedregoso y polvoriento. Sin embargo, de las tinieblas, justo antes que expirara, lanzó un grito final de triunfo: "¡Consumado es!"

En el texto griego la frase "Consumado es" consiste de una sola palabra. Es el tiempo perfecto de un verbo que significa "hacer algo completo o perfecto". En español pudiera traducirse como: "Todo está completamente completo" o "todo está perfectamente perfecto".

Jesús había tomado sobre sí toda consecuencia maligna que la rebelión había traído sobre la humanidad; había agotado toda maldición proveniente de haberse quebrantado la ley de Dios. Todo esto, para que nosotros a su vez, pudiéramos recibir toda bendición derivada de su obediencia. Semejante sacrificio es estupendo por su alcance y maravilloso por su simplicidad.

¿Ha podido aceptar con fe este relato del sacrificio de Jesús y de todo lo que él ha obtenido para usted? En particular, si está viviendo bajo la sombra de una maldición, ¿ha empezado a ver que Jesús, a un costo infinito para él mismo, ha hecho provisión completa para su liberación?

Si es así, hay una acción responsiva inmediata que usted necesita tomar; una respuesta que es la más simple y la más pura expresión de la verdadera fe. Es decir: "¡Gracias!"

¡Hágalo ahora mismo! Diga: "¡Gracias! ¡Gracias, Señor Jesús, por todo lo que has hecho por mí! No lo entiendo por completo, pero lo creo, y estoy agradecido".

Ahora siga dándole gracias en sus propias palabras. Mientras más gracias le dé, más creerá lo que él ha hecho por usted. Y mientras más lo crea, más deseará darle gracias.

Dar gracias es el primer paso para liberarse.

18

Siete pasos para liberarse

Hay una —y una sola— base completamente suficiente para todas las bendiciones que la misericordia de Dios ha provisto: el intercambio que tuvo lugar en la cruz. En el capítulo anterior se resumieron ocho aspectos principales:

1. Jesús fue CASTIGADO para que nosotros pudiéramos ser PERDONADOS.

2. Jesús fue HERIDO para que pudiésemos ser CURADOS.

3. Jesús fue hecho PECADO con nuestra pecaminosidad para que nosotros pudiéramos ser hechos JUSTOS con SU JUSTICIA.

4. Jesús sufrió NUESTRA MUERTE para que pudiésemos compartir SU VIDA.

5. Jesús se hizo POBRE con nuestra POBREZA para que pudiéramos ser RICOS con SU RIQUEZA.

6. Jesús llevó nuestra VERGÜENZA para que pudiésemos compartir SU GLORIA.

7. Jesús sufrió el RECHAZO que merecíamos nosotros para que pudiéramos disfrutar de la ACEPTACION que le correspondía como Hijo de Dios.

8. Jesús se convirtió en MALDICION para que pudiésemos recibir una BENDICION.

Esta lista no está completa; pudieran añadirse otros aspectos del intercambio, pero cada uno es una diferente faceta de todo lo que Dios proveyó a través del sacrificio de Jesús. La Biblia los resume en una grandiosa palabra que los incluye a todos: *salvación*. Con frecuencia los cristianos limitan la salvación a la experiencia del perdón de sus pecados y que nazcan de nuevo. No obstante, por muy maravilloso que sea esto, es solámente la primera parte de la salvación total revelada en el Nuevo Testamento.

El alcance total de la salvación queda oscurecido —al menos en parte— por problemas de traducción. En el texto griego original del Nuevo Testamento, el verbo *sözö*, normalmente traducido como "salvar", se usa también en diferentes formas que van más allá del perdón de los pecados. Se usa, por ejemplo, en muchos casos de sanidades físicas.[1] También se usa con una persona liberada de demonios,[2] y con una persona muerta y resucitada.[3] En el caso de Lázaro, se usa para recuperarse de una enfermedad que le causó la muerte.[4] En 2 Timoteo 4:18, Pablo usa el mismo verbo para describir

1 Mateo 9:21-22; 14:36; Marcos 5:23,28,34; 6:56; 10:52; Lucas 8:48; Hechos 4:9; 14:9; Santiago 5:15.

2 Lucas 8:36.

3 Lucas 8:50.

4 Juan 11:12.

la forma en que Dios continuamente lo preserva y protege del mal, y que se extiende a lo largo de su vida.

El resultado total de la salvación incluye cada parte del ser humano. Es hermoso el modo en que Pablo lo resume en la oración de 1 Tesalonicenses 5:23:

> *Y el mismo Dios de paz os santifique por completo; y todo vuestro ser, espíritu, alma y cuerpo, sea guardado irreprensible para la venida de nuestro Señor Jesucristo.*

La salvación abarca el total de la persona humana: espíritu, alma y cuerpo; y se consuma únicamente con la resurrección del cuerpo al regreso de Cristo.

Pero nadie disfruta simultáneamente de todas las distintas provisiones de la salvación. Es normal progresar por etapas de una provisión a la siguiente. Muchos cristianos jamás van más allá de recibir el perdón de sus pecados. No se percatan de las muchas otras provisiones que están a su libre disposición.

El orden en que una persona recibe las diferentes provisiones lo determina la soberanía de Dios, quien trata con todos nosotros como individuos. El punto de partida, generalmente, es el perdón de los pecados, pero no siempre es así. En el ministerio terrenal de Jesús, la gente con frecuencia recibía sanidad física primero y después el perdón de sus pecados.

Eso todavía puede suceder. En 1968 mi propia esposa, Ruth, cuando aún era soltera y vivía como judía practicante, estuvo en cama durante muchas semanas. Entonces recibió una visitación milagrosa de Jesús en su dormitorio y quedó instantánea y totalmente curada. Pero transcurrieron otros dos años antes que reconociera que necesitaba que se le perdonaran sus pecados. Sólo entonces nació de nuevo.

Cuando venimos a Dios con base en el sacrificio de Cristo por nosotros, necesitamos ser sensibles a la dirección del Espíritu Santo. No podemos imponer nuestras prioridades a Dios, sino que debemos dejar que él obre con nosotros en el orden que él escoja. Una persona puede, por ejemplo, estar determinada a buscar prosperidad económica, mientras que la primera prioridad de Dios para ella es la justicia. Si se empecina en reclamar la prosperidad antes que la justicia, ¡pudiera ser que no reciba ninguna de las dos!

Además, una persona puede buscar sanidad física, sin saber que la raíz de su enfermedad física es un problema emocional interno, como el rechazo, o la congoja o la inseguridad. En respuesta, Dios se moverá para traer la sanidad emocional que tanto necesita. Sin embargo, si la persona no se abre a esto, sino que continúa pidiendo sólo por sanidad física, quizás al final no reciba sanidad del todo, ni física ni emocional.

Algunas veces Dios quiere revelarnos una provisión de salvación que es nuestra más urgente necesidad, mas no nos damos cuenta. Esto se aplica particularmente a la provisión para la liberación de una maldición. Muy a menudo la maldición que pesa sobre la vida de una persona es el obstáculo insospechado que no lo deja alcanzar otras provisiones de salvación. Normalmente hay que lidiar primero con esta barrera, antes que puedan cubrirse otras necesidades.

En esta provisión nos concentraremos ahora: *el intercambio de la maldición a la bendición.* En este punto nos enfrentamos precisamente a las mismas proposiciones que Moisés presentó a los israelitas cuando se preparaban para entrar en la tierra de Canaán:

> *A los cielos y a la tierra llamo por testigos hoy contra vosotros, que os he puesto delante la vida y la muerte, la bendición y la maldición; escoge, pues, la vida, para que vivas tú y tu descendencia.*
>
> Deuteronomio 30:19

Las proposiciones eran tan solemnes y de tan largo alcance en sus consecuencias, que Moisés llamó a los cielos y la tierra para que fueran testigos de la respuesta de Israel.

Las opciones eran claras: vida y bendiciones, por un lado; muerte y maldiciones, por el otro. Dios exigía que los israelitas hicieran su propia elección. Les exhortó a escoger correctamente: la vida y las bendiciones. Pero él no decidiría por ellos. Asimismo les recordó que la elección que hicieran afectaría no sólo su propia vida, sino también la de sus descendientes. Esto aparece una vez más como un rasgo característico tanto de las bendiciones como de las maldiciones: continúan afectando generación tras generación.

La elección que hizo Israel en aquel momento determinó su destino. Lo mismo sucede con nosotros hoy. Dios nos pone por delante precisamente la misma alternativa: la vida y las bendiciones o la muerte y las maldiciones. Nos deja escoger a nosotros. Igual que Israel, nosotros determinamos nuestro destino por lo que elegimos, y nuestra elección también podrá afectar el destino de nuestros descendientes.

Recuerdo la primera vez que me enfrenté a esas palabras de Moisés. Cuando me di cuenta de que Dios solicitaba una respuesta de mí, me sentí intimidado. ¡Dios esperaba que yo decidiera! No podía evadir la cuestión. No hacerlo era, en realidad, escoger mal.

Doy gracias a Dios que me dio la gracia para elegir correctamente. Nunca, en todos los años que han transcurrido desde entonces, lo he lamentado. No obstante, Dios pronto empezó a mostrarme las implicaciones de mi elección. Yo había traspasado una puerta que conducía a vivir el resto de mi existencia en fe y en obediencia, y no podía echarme atrás.

Todo el que desea pasar de la maldición a la bendición tiene que atravesar esa misma puerta. Primero, tiene que haber un claro reconocimiento de las proposiciones que Dios nos pone por delante. Entonces tiene que haber una simple respuesta positiva: "Señor, en base a tu palabra, yo te respondo. Rechazo la muerte y las maldiciones, y escojo la vida y las bendiciones".

Una vez que hemos hecho esta elección, podemos seguir adelante y reclamar liberación de cualquier maldición que haya sobre nuestra vida. ¿Qué pasos debemos dar para eso? No hay un patrón establecido que todo el mundo deba seguir. Sin embargo, las siete etapas bosquejadas a continuación, me han servido para llevar a la gente hasta el punto de la liberación.

Pudiera ser que usted esté enfocando esta proposición desde la perspectiva de alguien que está interesado en ayudar o aconsejar a otros. No obstante, para recibir todo el beneficio de esta instrucción, recomiendo que usted se ponga mentalmente en el lugar de la persona que necesita liberación. Al hacerlo, pudiera ser que descubra que ¡es ahí donde *usted mismo* está en realidad!

1. Confiese su fe en Cristo y en el sacrificio que hizo en beneficio de usted.

En Romanos 10:9-10 Pablo explica que hay dos condiciones esenciales para recibir los beneficios del sacrificio de Cristo: *creer* en el corazón que Dios levantó a Jesús de los muertos y *confesar* con la boca que él es Señor. La fe en el corazón no es por completo eficaz hasta que ha sido complementada por la confesión con la boca.

Literalmente, la palabra "confesar" significa "decir lo mismo que". En el contexto de la fe bíblica, confesar significa decir con nuestra boca lo que Dios ya ha dicho en su palabra. En Hebreos 3:1 Jesús es llamado el "apóstol y sumo sacerdote de nuestra profesión" [o confesión]. Cuando hacemos la confesión bíblica correcta concerniente a él, liberamos su ministerio sacerdotal en beneficio nuestro.

Para recibir los beneficios del sacrificio de Cristo, necesitamos hacer nuestra confesión específica y personal. Por ejemplo:

Señor Jesús, creo que tú eres el Hijo de Dios y el único camino hacia Dios; y que tú moriste en la cruz por mis pecados y te levantaste otra vez de entre los muertos.

2. Arrepentirse de todas sus rebeliones y sus pecados

Pudiera haber muchos factores externos —que se remontan incluso a generaciones anteriores— que han contribuido a la maldición en su vida. No obstante, la raíz de todos sus problemas yace dentro de usted mismo. Y se resume en la palabra *avon* (iniquidad): su actitud rebelde hacia Dios y los pecados que han resultado de ella. Por esto, tiene que aceptar responsabilidad personal.

Antes que pueda recibir la misericordia de Dios, por lo tanto, él requiere que usted *se arrepienta.* Tiene que tomar una decisión deliberada de su parte: usted tiene que rendir toda su rebeldía y someterse sin reservas a todo lo que Dios requiera de usted. ¡Una persona que se ha arrepentido en realidad no sigue discutiendo con Dios!

El Nuevo Testamento no da lugar para la fe que esquiva el arrepentimiento. Cuando Juan el Bautista vino a preparar el camino del Señor, la primera palabra de su mensaje fue: *¡Arrepentíos...!* (Mateo 3:2). Más tarde, cuando Jesús empieza su ministerio público, él retoma el asunto donde Juan lo ha dejado:

> *Arrepentíos, y creed en el evangelio.*
>
> Marcos 1:15

Sin arrepentimiento, no es posible una fe eficaz. Muchos que profesan ser cristianos luchan continuamente por tener fe porque nunca han cumplido la condición previa del arrepentimiento. En consecuencia, jamás reciben todos los beneficios del sacrificio de Cristo.

Aquí sugiero una confesión que expresa el arrepentimiento que Dios exige:

Renuncio a toda mi rebelión y a todo mi pecado, y me someto a ti como mi Señor.

3. Reclamar el perdón de todos los pecados.

La gran barrera que mantiene las bendiciones de Dios fuera del alcance de nuestra vida es EL PECADO SIN

PERDONAR. Dios ya ha provisto para que nuestros pecados sean perdonados, pero no lo hará hasta que los confesemos.

> *Si confesamos nuestros pecados, él es fiel y justo para perdonar nuestros pecados, y limpiarnos de toda maldad.*
>
> 1 Juan 1:9

Dios es fiel y lo hará porque él nos ha dado su promesa, y él siempre cumple sus promesas. También es *justo* porque ya Jesús cargó con todo el castigo por nuestros pecados.

Puede ser que Dios le haya mostrado ciertos pecados que lo expusieran a una maldición. Si es así, haga una confesión específica de esos pecados.

También es posible que haya caído una maldición sobre usted por causa de los pecados cometidos por sus antepasados (especialmente la idolatría o el ocultismo). Usted no carga la culpa de los pecados cometidos por sus antepasados, pero las consecuencias de esos pecados pueden afectarlo de varias maneras. Si usted sabe que éste puede ser el caso, pida a Dios también que lo libere de esas consecuencias.

Aquí tiene una oración apropiada que cubre eso:

> Confieso todos mis pecados ante ti y pido tu perdón; especialmente por cualquier pecado que me haya hecho susceptible a una maldición. Libérame también de las consecuencias de los pecados de mis antepasados.

4. Perdone a todas las personas que le hayan hecho daño u ofendido o hayan sido injustas con usted.

Otra gran barrera que puede mantener fuera de nuestro alcance las bendiciones de Dios es LA FALTA DE PERDON en nuestro corazón hacia otras personas. En Marcos 11:25 Jesús señaló muy especialmente esto como algo que tenemos que resolver, si esperamos que Dios conteste nuestras oraciones:

> *Y cuando estéis orando, perdonad, si tenéis algo contra alguno, para que también vuestro Padre que está en los cielos os perdone a vosotros vuestras ofensas.*

Este mismo principio aparece a lo largo de todo el Nuevo Testamento: Si queremos que Dios perdone nuestros pecados, tenemos que estar preparados para perdonar a los demás.

Perdonar a otra persona no es primordialmente una emoción; es una *decisión.* A veces ilustro esto con una pequeña "parábola": Usted tiene en sus manos pagarés firmados por otra persona que suman un total de $10,000. Sin embargo, en el cielo Dios tiene en su mano pagarés firmados por usted que suman $10,000,000. Dios le hace una oferta: "Rompe los pagarés que tienes en tu mano, y yo romperé los que tengo en la mía. Pero si no sueltas tus pagarés, ¡ yo tampoco soltaré los míos!".

Visto desde este punto, perdonar a otra persona no es un sacrificio tremendo. Es sólo un claro interés personal. ¡Cualquiera que se niegue a condonar una deuda de $10,000 a fin de cancelar su propia deuda de $10,000,000 carece de sentido para los negocios!

Quizás ahora Dios le esté trayendo a la mente alguna persona o personas a quienes usted necesita perdonar. Si es así, puede acudir al Espíritu Santo para que le ayude. El lo inducirá a tomar la decisión correcta, pero no la hará por usted. Actúe mientras sienta su apremio. Tome una decisión clara de perdonar. Entonces exprese oralmente su decisión. Diga en voz alta: "Señor, yo perdono a....." y nombre a la persona o personas de que se trate. ¡Los que le sean más difíciles de mencionar son los que más necesita perdonar! Puede usar estas sencillas palabras:

Por un acto de mi voluntad, decido perdonar a todos los que me han hecho daño o juzgado mal... tal como quiero que

Dios me perdone a mí. En particular perdono a... [nombre a la persona o personas].

5. Renuncie a todo contacto con cualquier cosa ocultista o satánica.

Antes de llegar a la verdadera oración para liberación, hay otro campo importante del que debe ocuparse: todo contacto con cualquier cosa ocultista o satánica. Esto tiene un enorme alcance de actividades y prácticas. Quizás necesite volver atrás a las páginas..... en el capítulo 6, donde hay una lista que cubre algunas, pero no todas, las formas que esto puede abarcar. Si no está seguro de algo porque no se menciona en la lista, pídale a Dios que se lo aclare.

Si en cualquier momento usted ha participado en semejantes actividades o prácticas, ha cruzado una frontera invisible en el reino de Satanás. A partir de ese momento, igual da que lo sepa o no, Satanás lo ha considerado como uno de sus súbditos. El considera que tiene un derecho legal sobre usted. Puesto que el reino de Dios y el de Satanás se oponen radicalmente, usted no podrá disfrutar de todos los derechos y beneficios de un ciudadano del reino de Dios hasta que haya cortado toda conexión con Satanás de una vez por todas, y cancele cualquier derecho que él pueda alegar que tiene sobre usted.

En 2 Corintios 6:14-15 Pablo acentúa la necesidad de una ruptura completa con el reino de Satanás:

> *No os unáis en yugo desigual con los incrédulos; porque ¿qué compañerismo tiene la justicia con la injusticia? ¿Y qué comunión la luz con las tinieblas? ¿Y qué concordia Cristo con Belial [o sea, Satanás]? ¿O qué parte el creyente con el incrédulo?*

En el versículo 17 concluye con una exhortación directa del mismo Señor:

Por lo cual, salid de en medio de ellos, y apartaos, dice el Señor, Y no toquéis lo inmundo; y yo os recibiré.

Llevar a cabo esta ruptura requiere también que se ocupe de cualquier "objeto de contacto" —o sea, objetos que todavía lo vinculan con Satanás—. Esto incluye muchos objetos distintos. En mi caso, como relaté en el capítulo 2, fueron los dragones chinos que yo había heredado. Si usted tiene alguna duda acerca de cómo aplicar esto en su caso, pídale a Dios que le señale cualquier cosa que pudiera ser ofensiva para él. Entonces deshágase de ella del modo más efectivo: quémelo, aplástelo, arrójelo en aguas profundas... ¡o lo que sea!

Si usted está dispuesto a llevar a cabo esta ruptura total con Satanás y su reino, puede pronunciar una oración como ésta:

Renuncio a todo contacto con cualquier cosa ocultista o satánica; si tengo algún "objeto de contacto", me comprometo a destruirlo. Revoco cualquier reclamación de Satanás sobre mí.

6. Ahora está listo para hacer la oración a fin de liberarse de cualquier maldición.

Si ha estado dispuesto a comprometerse en cada uno de los cinco pasos anteriores, ahora está a punto de pronunciar la oración propiamente dicha para liberarse de cualquier maldición que haya sobre su vida. Pero recuerde, hay un solo fundamento sobre el que Dios le ofrece su misericordia: el intercambio que tuvo lugar cuando Jesús murió en la cruz. Incluida en ese trueque estaba la provisión para liberarlo de cualquier maleficio. Cuando fue colgado en la cruz, Jesús se convirtió en maldición con todas las maldiciones que jamás pudieran venir sobre usted, para que a su vez usted pueda ser liberado de toda maldición y recibir la bendición de Dios en su lugar.

Es importante que base su fe *únicamente* sobre lo que Jesús obtuvo para usted con su sacrificio en la cruz. Usted no tiene que "ganarse" su liberación. No tiene que "merecerla". Si viene a Dios con ideas como ésas, no tendrá bases sólidas para su fe. Dios nos responde sólo en base a lo que Jesús hizo en favor de nosotros, no por ningún mérito que podamos imaginarnos que haya en nosotros.

Si ora teniendo este fundamento para su fe, su oración deberá terminar no sólo pidiendo, sino recibiendo en realidad. En Marcos 11:24 Jesús establece esto como principio:

> *Por tanto os digo que todo lo que pidieres orando, creed que lo recibiréis, y os vendrá.*

Hay dos etapas bien marcadas en esta clase de oración, relacionadas como de causa y efecto: *recibir* y *tener*. "Recibir" es la causa, seguida por "tener" como el efecto. El "recibir" está en tiempo pasado; el "tener" está en el futuro. El "recibir" ocurre cuando oramos. Entonces el "tener" lo sigue en el momento y en la forma que determine la soberanía de Dios. Pero la fuerza en las palabras de Jesús es este principio: Si no *recibimos* en el momento que oramos, no tenemos seguridad de que alguna vez lo *tendremos*..

Ofrezco aquí una oración que sería apropiada. Léala primero y siga adelante después para recibir más instrucciones.

> Señor Jesús, creo que en la cruz tomaste sobre ti toda maldición que pudiera venir jamás sobre mí. Así te pido ahora que me liberes de toda maldición sobre mi vida; ¡en tu nombre, Señor Jesucristo!
>
> Por fe recibo ahora mi liberación y te doy gracias por ella.

Ahora, ¡haga una pausa! Antes que pronuncie esta oración para liberación, sería prudente que reafirmara cada una de las confesiones que ha hecho ya. Para que le sea más fácil, están repetidas abajo, mas sin añadir comentario o explicación alguna.

Léalas en voz alta, despacio y deliberadamente, sin distraerse. Si tiene dudas acerca de alguna parte, vuelva atrás y léala otra vez. Identifíquese con las palabras que pronuncia. Para cuando haya terminado de leerlas, *debe de tener la sensación de haber llegado ante la presencia de Dios* con las palabras que ha pronunciado. Entonces vaya directamente a la oración de liberación, que se repite al final.

Aquí está la oración completa:

> Señor Jesucristo, creo que tú eres el Hijo de Dios y el único camino para llegar Dios; y que tú moriste en la cruz por mis pecados y resucitaste de entre los muertos.
>
> Renuncio a toda mi rebelión y a todos mis pecados, y me someto a ti como mi Señor.
>
> Confieso todos mis pecados ante ti y te pido tu perdón; especialmente por cualquier pecado que me haya expuesto a una maldición. Libérame también de las consecuencias de los pecados de mis antepasados.
>
> Por un acto de mi voluntad decido perdonar a todos los que me han hecho daño o juzgado mal, tal como quiero que Dios me perdone a mí. En particular, perdono a...
>
> Renuncio a todo contacto con cualquier cosa ocultista o satánica; si poseo algún "objeto de contacto", me comprometo a destruirlo. Revoco cualquier reclamación de Satanás sobre mí.
>
> Señor Jesucristo, creo que en esa cruz tú tomaste sobre ti toda maldición que pudiera haberme alcanzado. Así que te pido ahora que me liberes de toda maldición sobre mi vida; ¡en tu nombre, Señor Jesucristo!
>
> Por fe recibo ahora mi liberación y te doy las gracias por ello.

Ahora no se detenga diciendo "Gracias" una o dos veces. Su *mente* no puede comprender una fracción de lo que le ha pedido a Dios que haga para usted, ¡pero respónda a Dios con su *corazón*. Este pudiera ser el momento de soltar heridas o presiones o inhibiciones que se hayan acumulado dentro de usted a lo largo de los años. Si se rompe una represa dentro de usted, no trate de contener las lágrimas que anegan sus ojos.

¡No se contenga por vergüenza o timidez! Dios siempre ha sabido las cosas que ha mantenido encerradas dentro de usted... y no está en lo más mínimo avergonzado por ellas. Así que, ¿por qué tiene que estarlo usted? Dígale a Dios cuánto lo ama realmente. Mientras más le exprese su amor, más real se volverá para usted.

Por otra parte, no hay un patrón dispuesto para responder a Dios que todo el mundo tenga que seguir. La clave para la liberación no es una forma especial de respuesta. La fe puede expresarse de muchos modos diferentes. Limítese a ser usted mismo con Dios. Abra todo su ser al amor de Dios como una flor abre sus pétalos al sol.

7. Ahora crea que ha recibido, ¡y siga adelante en la bendición de Dios!

En esta etapa no trate de analizar qué forma tomará la bendición que Dios impartirá en su vida. Deje eso en las manos de Dios. Deje que él haga cómo y cuándo él quiera. No tiene que preocuparse de eso. La parte que le corresponde a usted es simplemente abrirse, sin reservas, a todo lo que Dios quiere hacer en usted y por usted con su bendición.

Recuerde que Dios *es poderoso para hacer todas las cosas mucho más abundantemente de lo que pedimos o entendemos* (Efesios 3:20). Así que no limite a Dios que haga sólo lo que usted piensa.

He aquí una forma sencilla de palabras que usted puede usar:

> Señor, ahora me abro a recibir tu bendición en cada una de las formas que tú quieras impartir sobre mí.

¡Será emocionante para usted cuando vea cómo Dios responderá!

19

De las sombras a la luz del sol

Si siguió las instrucciones del capítulo anterior, habrá cruzado una frontera invisible. Detrás de usted quedó ahora un territorio ensombrecido por maldiciones de muchas y diferentes clases y de muchos y distintos orígenes. Ante usted se extiende un territorio que brilla bajo la luz solar de las bendiciones de Dios. Antes que siga adelante, vuelva de nuevo su atención al resumen de la lista que Moisés dio en Deuteronomio 28:2-18:

Exaltación	Prosperidad
Salud	Victoria
Fertilidad	Favor de Dios

Todas estas bendiciones son parte de su herencia en Cristo, que esperan que usted las explore y las reclame.

Pudiera ayudarle repetir varias veces estas palabras claves; preferiblemente en voz alta. Cuando una persona ha vivido bajo una maldición, con frecuencia le es difícil imaginarse lo que pudiera ser disfrutar de las bendiciones que le corresponden. Pídale a Dios que convierta su nueva herencia en una realidad viva para usted. Quizás necesite repetir estas palabras con frecuencia —incluso muchas veces al día— hasta que se percate de que ¡realmente son suyas!

Mientras las repite, deténgase y dé gracias a Dios porque cada una es ahora parte de su herencia. Recuerde que dar gracias es la expresión de fe más pura y más simple. Si la lucha que libró contra una maldición en su vida fue larga, pudiera ser que haya espacios en su mente de los cuales las tinieblas no desaparezcan inmediatamente. Cuando repita estas palabras positivas que describen las bendiciones será como ver los primeros rayos del sol iluminando un oscuro valle, y esparciéndose hasta que todo el valle quede iluminado.

La transición del territorio oscuro al iluminado por el sol puede tomar muchas formas diferentes. No hay un patrón único como norma para todos. Algunas personas experimentan liberación casi instantánea y parecen entrar inmediatamente en las bendiciones que promete la Escritura. Para otros, igualmente sinceros, pudiera haber una larga y dura lucha. Mientras más profundamente haya participado el individuo en el ocultismo, más dura puede ser su lucha para escapar. Satanás lo considera como su presa legítima, y está determinado a no soltarlo. Por su parte, el individuo tiene que estar todavía más determinado a hacer valer su derecho a la libertad que el sacrificio de Cristo le compró.

Además, Satanás tiene al menos algún conocimiento previo de lo que Dios tiene preparado para quienes escapan su opresión. Mientras mayores sean las bendiciones que esperan a una persona, más determinado será el intento de Satanás por retener a la persona. Vistos de esta manera, como preludio de las bendiciones que nos esperan, nuestras luchas pueden en realidad volverse en fuentes de aliento.

Además y sobre estos factores, estamos frente a la soberanía de Dios. Su punto de vista es diferente del nuestro. En una situación Dios toma en cuenta factores de los que nosotros nada sabemos. El cumple siempre sus promesas, pero en la mayoría de los casos hay dos iniciativas que no revela por adelantado: la forma precisa en que obrará en cada vida, y el tiempo exacto que tomará para hacerlo. Nadie puede dictarle a Dios cómo debe cumplir sus promesas. Lo que tenemos que hacer es mantener una actitud de inalterable confianza y fe en que él lo hará cuando y cómo lo estime conveniente.

Necesitamos mirar una vez más el lado positivo del intercambio descrito por Pablo en Gálatas 3:13-14:

> *Cristo nos redimió de la maldición de la ley, hecho por nosotros maldición (porque está escrito: Maldito todo el que es colgado en un madero), para que en Cristo Jesús la bendición de Abraham alcanzase a los gentiles, a fin de que por la fe recibiésemos la promesa del Espíritu.*

Pablo señala tres realidades importantes relativas a la bendición prometida:

Primero, no es algo vago o indefinido. Es muy específico: *la bendición de Abraham.* En Génesis 24:1 se especifica su extensión: "Jehová había bendecido a Abraham en *todo*". La bendición de Dios cubría todas las dimensiones de la vida de Abraham. El tiene preparada la bendición correspondiente para cada persona que cumpla sus condiciones.

Segundo, la bendición viene sólo *en Cristo Jesús.* No podemos ganarla por nuestros propios méritos. Se nos ofrece únicamente en base a nuestra relación con Dios por medio de Jesucristo. No hay otro canal de bendición para nuestra vida. Si la relación con Cristo se rompe por incredulidad o desobediencia, la bendición cesará de fluir. Pero gracias a Dios, ¡puede restaurarse inmediatamente con un sincero arrepentimiento!

Tercero, la bendición se define más adelante como *la promesa del Espíritu [Santo].* Con relación a esto, en Juan 16:13-15 Jesús nos dice:

Pero cuando venga el Espíritu de verdad, él os guiará a toda la verdad; ...El me glorificará; porque tomará de lo mío y os lo hará saber. Todo lo que tiene el Padre es mío; por eso dije que tomará de lo mío, y os lo hará saber.

¡Que palabras de aliento más maravillosas! Las tres Personas de la Trinidad —el Padre, el Hijo y el Espíritu Santo— están unidas en su propósito de compartir con nosotros todo lo que el sacrificio de Cristo Jesús nos compró. Debido a que esta realidad es mucho más grande de lo que la mente natural puede abarcar, tenemos que depender del Espíritu Santo para que nos guíe a nuestra herencia total y nos enseñe cómo apropiarnos de lo que Dios ha provisto para nosotros.

En Romanos 8:14 Pablo destaca otra vez el papel único del Espíritu Santo:

Porque todos los que son guiados por el Espíritu de Dios, éstos son hijos de Dios.

Pablo tiene cuidado de usar aquí el tiempo presente continuo: "los que *son guiados continuamente* por el Espíritu de Dios". Ser "guiados por el Espíritu Santo" no es una experiencia aislada y única. Es algo de lo que debemos depender minuto a minuto. Es el único sendero hacia la madurez espiritual. Por él crecemos de niños hasta convertirnos en *hijos maduros* de Dios.

Por desgracia muchos cristianos nunca llegan a disfrutar plenamente de la dirección y la compañía del Espíritu Santo por una razón básica: no acaban de comprender que él es una *Persona. El Señor es el Espíritu* (2 Corintios 3:17). Tal como Dios el Padre es Señor, y Dios el Hijo es Señor, también Dios el Espíritu es Señor. El no es una idea teológica abstracta, ni un conjunto de reglas, ni la mitad de una frase al final del Credo de los Apóstoles. Es una Persona, y quiere que cultivemos una relación íntima *personal* con él.

El Espíritu Santo tiene sus propias características que lo distinguen. No es agresivo ni insistente, ni nos grita. Por lo regular habla en tonos suaves y nos guía por impulsos tenues. Para recibir su instrucción es preciso que estemos atentos a su voz y sensibles a sus impulsos.

Además, el Espíritu Santo trata con cada uno de nosotros como individuos. No hay un juego único de reglas que todo el mundo tiene que seguir para entrar en las bendiciones de Dios. Cada uno de nosotros tiene una personalidad propia y especial, con necesidades y aspiraciones particulares, fortalezas y flaquezas peculiares. El Espíritu Santo respeta nuestra singularidad. Alguien ha dicho que Dios jamás hace creyentes como copias al carbón de otros. Ni fabrica cristianos en una línea de producción en serie.

Sólo el Espíritu Santo sabe los peligros especiales que nos amenazan en una situación o la bendición particular que colmará nuestras necesidades individuales. Nos guía fielmente a través de los peligros y abre para nosotros las bendiciones. Si empezamos a seguir algún sistema religioso o a moldearnos como otro cristiano, nos perderemos alguna de las más selectas bendiciones que Dios nos ha reservado.

Sería prudente, por consiguiente, detenerse por un momento y ofrecer una breve oración:

> Espíritu Santo, te abro mi corazón y mi mente. Revélame las bendiciones que Cristo Jesús obtuvo para mí y cómo puedo recibirlas.

En Hebreos 10:14 —citado ya en el capítulo 17— el escritor se vale de dos tiempos verbales diferentes para describir dos lados opuestos del intercambio que tuvo lugar en la cruz. Para describir lo que Jesús logró, usa el tiempo *perfecto*: "Con una sola ofrenda hizo perfectos para siempre". Lo que Jesús hizo es absoluta y eternamente completo. No hay nada que sumarle, ni nada que restarle.

Por otra parte, para describir el resultado del sacrificio en quienes lo aceptan, el escritor usa el *presente continuo* que se traduce: "a los [que *están siendo*] santificados". Nuestra apropiación del sacrificio no es completa de una vez; es *progresiva.* El proceso por medio del que nos apropiamos de él se describe como "siendo santificados"; es decir, siendo apartados para Dios en santidad. Conforme traemos progresivamente nuestra vida al orden de los requisitos de Dios para la santidad, así podemos entrar en sus bendiciones más completamente.

Enfrentados con este desafío, los cristianos a veces responden: "¡Pero yo creí haberlo alcanzado todo cuando nací de nuevo!" La respuesta es sí y no. Hay dos lados de este asunto: el jurídico y el empírico. La respuesta varía de acuerdo con el lado que estemos mirando.

Jurídicamente es cierto que lo "alcanzó todo" cuando nació de nuevo. De acuerdo con Romanos 8:17, cuando usted se convirtió en un hijo de Dios, fue declarado "heredero de Dios y coheredero con Cristo". Jurídicamente, a partir de ese momento tenía el derecho de compartir con Cristo toda su herencia.

Sin embargo, empíricamente sólo se hallaba al inicio de un proceso que toma toda la vida para completar: la experiencia. La vida del cristiano pudiera describirse como una progresión que parte de lo jurídico hasta llegar a lo empírico. Paso a paso, en fe, tenemos que apropiarnos en realidad, en la experiencia, de todo lo que ya es nuestro por derecho jurídico mediante nuestra fe en Cristo. Esto es lo que el escritor de Hebreos llama "siendo santificados".

En Juan 1:12-13 el apóstol dice, con relación a quienes han nacido de nuevo al recibir a Cristo, que Dios *les dio potestad de ser hechos hijos de Dios.* La palabra griega traducida "potestad" es *exousia,* por lo regular traducida "autoridad". Eso es lo que una persona recibe en realidad en el nuevo nacimiento: "autoridad para convertirse en un hijo de Dios".

Pero la autoridad es eficaz sólo en la medida en que sea ejercida. El potencial del nuevo nacimiento es ilimitado, pero el resultado real depende del ejercicio de la autoridad que va con éste. Lo que una persona llegue a ser mediante el nuevo nacimiento queda determinado por la medida de autoridad que ejerza y que Dios le ha concedido.

Hay un paralelo notable entre la experiencia de los creyentes que entran en las bendiciones de Dios en el Nuevo Pacto, y la de los israelitas que entraban en Canaán bajo el Antiguo Pacto. En el primer pacto, bajo un líder llamado Josué, Dios guió a su pueblo para que entrara en "una tierra prometida". En el segundo pacto, bajo un líder llamado Jesús (otra forma del nombre Josué), Dios guía a su pueblo para que entre en "una tierra de promesas". Tal como la tierra de Canaán era la herencia física destinada para Israel, así las promesas de Dios ofrecidas por medio de Cristo Jesús, son la herencia espiritual destinada para los cristianos en esta dispensación. Los mismos principios que se aplicaban a los israelitas entonces, se aplican a los cristianos ahora.

En Josué 1:2-3 Dios da instrucciones a Josué de cómo debían tomar los israelitas posesión de su herencia:

> *Mi siervo Moisés ha muerto; ahora, pues, levántate y pasa este Jordán, tú y todo este pueblo, a la tierra que yo les doy a los hijos de Israel.*
> *Yo os he entregado, como lo había dicho a Moisés, todo lugar que pisare la planta de vuestro pie.*

Aquí se hace exactamente el mismo contraste de tiempos verbales que en Hebreos 10:14. En el versículo 2, el Señor se vale del presente continuo: "[La tierra que] yo *les estoy dando*". Pero en el versículo 3, usa el tiempo perfecto: "[La tierra que] yo *os he entregado*". A partir del versículo 3, el derecho jurídico de propiedad de Canaán estaba establecido: pertenecía a Israel. En la experiencia, sin embargo, nada había cambiado. Los cananeos todavía ocupaban la tierra.

El reto para Josué y su pueblo fue pasar de lo jurídico a lo empírico,. Esto debían hacer paso a paso. Conforme la planta de sus pies pisaba cada lugar, se convertía en su propiedad no sólo jurídicamente, sino, por experiencia propia.

Si los israelitas hubiesen respondido a la promesa de Dios de la misma manera que algunos cristianos quisieran, la historia hubiera sido muy diferente. Se hubieran parado en la orilla este del Jordán, se hubieran cruzados de brazos, mirando hacia el oeste y diciendo: "¡Es toda nuestra!" Pero los cananeos se hubieran reído de ellos, porque todavía poseían la tierra.

Pero Josué y sus hombres actuaron de un modo muy diferente. Primero, cruzaron el Jordán por un milagro que Dios realizó en respuesta a su obediencia. Después — con otro milagro— sitiaron y capturaron Jericó. Mas de ahí en adelante, avanzaron no por milagros, sino gracias a las batallas que libraron. Se esparcieron en todas direcciones a través de Canaán y libraron una larga sucesión de batallas contra distintos habitantes de la región. Incluso, después de mucho luchar, no habían terminado el trabajo. Mucho tiempo después, Dios dijo a Josué: *Queda aún mucha tierra por poseer* (Josué 13:1).

Ese es el mismo reto que enfrentamos nosotros como creyentes en el Nuevo Testamento: pasar de lo jurídico a lo empírico. Como Israel, tenemos que avanzar paso a paso. También como Israel tenemos que enfrentar la oposición. Las fuerzas satánicas se opondrán continuamente a nuestro avance, y tenemos que aprender a vencerlas con las armas espirituales que Dios nos ha proporcionado. En última instancia, las promesas de Cristo del Nuevo Pacto se dan únicamente a una clase de persona: "Al que venciere" (Ver Apocalipsis 2 y 3). En Apocalipsis 21:7 se resume el derecho a la herencia: "El que venciere heredará todas las cosas".

Para reforzarlo y alentarnos más, Dios también nos ha presentado el ejemplo de Abraham, conocido como "el padre de todos nosotros". Por medio de Abraham, Dios no sólo estableció la medida de la bendición que él ha preparado para cada uno de nosotros, que es "todas las cosas", sino que también marcó la ruta que conduce a esa bendición. La vida de Abraham es tanto un ejemplo como un triple desafío: por su inmediata obediencia, su completa confianza en la palabra de Dios y por seguir adelante sin rendirse.

En Hebreos 11:8 el escritor subraya la obediencia inmediata y sin vacilaciones de Abraham:

> *Por la fe Abraham, siendo llamado, obedeció para salir al lugar que había de recibir como herencia; y salió sin saber a dónde iba.*

Abraham no preguntó ni pidió explicaciones de por qué tenía que ir, o alguna descripción del lugar adonde iba. Simplemente hizo lo que Dios le dijo, de inmediato, sin preguntar. La misma clase de obediencia caracterizó toda su vida: por ejemplo, cuando Dios pidió que él y todos los miembros de su casa fueran cincuncidados (Génesis 17:9-14, 23-27); y aun cuando Dios pidió que le ofreciera en sacrificio a su propio hijo (Génesis 22:1-14). En ningún momento vaciló Abraham para obedecer o preguntó a Dios por qué debía hacer lo que pedía.

En Romanos 4:16-21 Pablo señala que cuando Dios llamó a Abraham "padre de muchas gentes" éste no tenía más que un hijo de Agar, una esclava, mientras Sara, su esposa, había sido estéril durante muchos años. Pero aceptó como cierta la descripción que Dios hacía de él desde el momento en que fue pronunciada. Por aceptar así la palabra de Dios sin ponerla en duda —incluso contra la evidencia de sus propios sentidos— al final tuvo el cumplimiento físico que pudieron confirmar sus sentidos.

En realidad, desde el momento en que por primera vez Dios prometió a Abraham que sus descendientes serían tan numerosos como las estrellas, hasta que nació el hijo que sería el heredero prometido, pasaron casi 25 años. A lo largo de todo aquel tiempo él no tuvo nada de que aferrarse más que la promesa de Dios. Infinidad de veces tuvo que haberse sentido tentado a dejarse vencer por el desaliento. Pero nunca se dio por vencido ni abandonó su fe. Y en Hebreos 6:15 se resume la recompensa de su fidelidad inalterable:

Y habiendo esperado con paciencia, alcanzó la promesa.

En Romanos 4:11-12 Pablo nos dice que somos hijos de Abraham si "seguimos las pisadas de la fe que tuvo nuestro padre Abraham". Este es el requisito bíblico para entrar en "la bendición de Abraham", prometida en Gálatas 3:14. Igual que Abraham, nosotros tenemos que aceptar la palabra de Dios como un elemento inalterable y seguro en nuestra vida. Todas las opiniones variables del hombre, y todas las impresiones fluctuantes de nuestros sentidos, son sólo "hierba que se seca". *Mas la palabra del Dios nuestro permanece para siempre* (Isaías 40:8).

Ahora bien, no podemos aceptar la palabra de Dios de un modo puramente intelectual o teórico. Tenemos que mostrarlo en nuestros actos tal como lo hizo Abraham: obedeciéndolo inmediatamente y sin vacilar, resistiendo inalterables frente a todo desaliento. De esta forma hallaremos que la palabra de Dios probará ser verdadera para nosotros. Llegaremos a conocer la bendición de Dios —igual que Abraham— "en todas las cosas".

Satanás continuará oponiéndose a nosotros con presiones mentales y emocionales: dudas, temores, culpa, confusión y presiones por el estilo. Puede ser que también agreda nuestros cuerpos con distintas formas de padecimientos físicos. Contra todo esto Dios nos ha provisto con un arma sumamente eficaz: su palabra. En Efesios 6:17 Pablo nos guía:

Tomad... la espada del Espíritu, que es la palabra de Dios.

Esto requiere la interacción de lo humano y lo divino. La espada es del Espíritu Santo, pero la responsabilidad de "tomarla" es nuestra. Si la tomamos, el Espíritu Santo la esgrimirá, pero si no la tomamos, el Espíritu Santo no tiene qué empuñar.

El vocablo griego que Pablo usa aquí para describir la palabra de Dios es *rhëma*. Esta es primordialmente "una palabra hablada". Se vuelve vigente sólo cuando la pronuncian labios que creen. Pablo no está hablando de la Biblia que tenemos en la repisa para libros, ni siquiera en nuestros veladores. Es la Biblia cuando sale de nuestros labios, "que hablamos en voz alta y con intrépida fe ".

Nuestro modelo para usar esta espada es el mismo Señor Jesucristo, como lo demostró cuando Satanás lo tentó en el desierto (Ver Mateo 4:1-11). Cada una de las tres tentaciones contenía la palabra *si*. En otras palabras, su objetivo era provocar "dudas".Las primeras dos tentaciones empezaban con la frase "*Si* eres Hijo de Dios..." Poco antes, cuando Juan bautizó a Jesús en el Jordán, Dios el Padre había declarado públicamente:

Este es mi Hijo amado, en quien tengo complacencia.

Mateo 3:17

Ahora Satanás tentaba a Jesús a dudar lo que el Padre había dicho de él.

La tercera tentación también empezaba con *si*, pero ya no era sólo para dudar, sino también para desobedecer directamente: "*Si* postrado me adorares". Así Satanás desafiaba a Jesús para que cometiera el mayor de todos los pecados: quebrantar el primer mandamiento.

Las tentaciones con que Satanás nos ataca como discípulos de Jesús, seguirán un patrón similar. Primero, nos tentará para que dudemos lo que Dios ha dicho de nosotros: que ya ha perdonado nuestros pecados, que nos ama realmente, y nos ha aceptado en su familia como hijos suyos, que hemos quedado libres de la maldición y hemos entrado en la bendición. Pero siempre el último dardo de sus tentaciones apuntará directamente a que desobedezcamos.

Jesús se valió de una arma única para derrotar a Satanás: "la *rhëma*, la palabra hablada de Dios". Contrarrestó cada tentación con la misma frase: "Escrito está". Cada respuesta fue una cita literal de las Escrituras del Antiguo Testamento. Satanás no puede defenderse de la palabra de Dios citada textualmente. Tiene que escapar vencido.

En todo esto Jesús es nuestro ejemplo perfecto. No se apoyó en ninguna sabiduría o argumentos propios. Utilizó precisamente la misma arma que el Señor nos ha dado a nosotros: la palabra de Dios. Nuestra seguridad depende de que sigamos el ejemplo de Jesús. Seríamos muy insensatos si nos apoyáramos en nuestra propia sabiduría o fortaleza o justicia. Satanás es mil veces más sabio y fuerte que nosotros. Puede señalarnos mil puntos flacos en nuestra propia justicia. Pero hay un arma contra la que no tiene defensa: la palabra de Dios pronunciada con fe.

Entonces ese es el camino que nos conduce fuera del territorio entenebrecido por las maldiciones al territorio que disfruta de la luz solana de las bendiciones de Dios. El primer requisito es la fe inalterable y decidida, afirmada en el intercambio que tuvo lugar en la cruz. La fe de esta clase declara que las promesas de Dios están vigentes desde el momento en que se las reclama. No esperamos por la confirmación de los sentidos. Obedeciendo inmediatamente y sin vacilaciones, y perdurando con paciencia, vamos desde nuestro derecho jurídico en Cristo hasta el disfrute completo y real de ellos. Nos enfrentamos a toda oposición satánica con "la espada del Espíritu": la palabra de Dios hablada.

20

Los hombres esforzados lo arrebatan

Cuando Josué fue designado el líder que llevaría a Israel a tomar posesión de su herencia en Canaán, recibió tres veces la misma exhortación: "Esfuérzate y sé valiente" (Josué 1:6,9,18). Las primeras dos vinieron del propio Señor; la tercera, de sus hermanos israelitas. Después de la tercera exhortación Josué tuvo que haber comprendido una cosa: ¡ la entrada en la tierra prometida no sería fácil!

Lo mismo se aplica a los cristianos hoy, que se disponen a apropiarse de las bendiciones prometidas en el Nuevo Pacto. Dios nos asegura que él estará con nosotros y cumplirá todas sus promesas. Al mismo tiempo, nos advierte que tropezaremos con varias formas de oposición, que probarán nuestra fe y nuestro compromiso.

En Mateo 11:12 Jesús habló de la dispensación del evangelio que él había venido a iniciar:

Desde los días de Juan el Bautista hasta ahora, el reino de los cielos sufre violencia, y los violentos lo arrebatan.

En Lucas 16:16 él subraya el mismo punto:

La ley y los profetas eran hasta Juan; desde entonces el reino de Dios es anunciado, y todos se esfuerzan por entrar en él.

Está claro que la promesa del reino no es para quienes se limitan a soñar despiertos o hablar de religión. La promesa requiere "esforzarse": una actitud de determinación fija que insiste en seguir adelante sin tener en cuenta toda clase de dificultades y desalientos.

En Hechos 14:22 Pablo y Bernabé dan una advertencia similar a un grupo de nuevos convertidos:

Es necesario que a través de muchas tribulaciones entremos en el reino de Dios.

Cualquier atajo que evite las tribulaciones no nos llevará al reino. Una vez que hayamos dejado bien sentado esta realidad en nuestra mente, ya las tribulaciones no nos detendrán.

Otto Aguilar es un hombre que dispuso apoderarse de las promesas de Dios con determinación esforzada. Otto es un brasileño nacido con maldiciones sobre su vida que se remontaban a muchas generaciones. También él mismo, había atraído muchas otras con su propia insensatez. No obstante, finalmente cruzó el tenebroso territorio de las maldiciones para entrar en la asoleada tierra de las bendiciones de Dios, que es donde él vive ahora.

Otto Aguilar cuenta su historia:

Nací hace cincuenta años en Río de Janeiro, Brasil. Mi padre era un conocido general mestizo entre europeo e indio; mi madre venía de una familia de gobernadores y estadistas. Ambos lados de mi familia habían practicado el espiritismo por generaciones.

Yo fui el séptimo de diez hijos, y nací sentado con catorce libras de peso. Por muchos años me acusaron de casi matar a mi madre. El peso de la culpa me cohibía. Me sentaba con la cabeza entre las manos, reviviendo la horrible experiencia de ser sacado con fórceps sin poderla asimilar. Repetí el primer grado *cuatro* veces. Cuando logré pasar al segundo, casi tenía la estatura de mi maestra.

Cuando todavía era un niño, las maldiciones ancestrales empezaron a afectar a los miembros mayores de mi familia. Mi hermana mayor, aunque asistía a una estricta escuela católica, fue llevada a un centro espiritista, y empezó a "recibir espíritus de santos", como dicen en Brasil. Ha pasado la mayor parte de su vida en instituciones mentales.

El segundo hijo, mi hermano mayor, un estudiante brillante, cayó de cabeza a los diez años y se volvió epiléptico. En el Brasil de aquel tiempo se creía que la epilepsia era contagiosa, así que lo mudaron, con todas sus pertenencias, de la casa principal a las habitaciones de la servidumbre. Cuando sufría un ataque, mi madre se trastornaba por completo y gritaba: "¡No hay Dios!" Ha estado internado en instituciones durante los últimos quince años.

Cuando llegué a los dieciséis años empecé a tener todos los síntomas de la epilepsia: espuma por la boca, desmayos, vómitos, confusión total. Pero los electroencefalogramas no arrojaban resultados positivos.

Mi padre, un excelente líder de hombres, era extremadamente pasivo con sus siete hijos, y no ejercía una autoridad real. No puedo recordar que me dirigiera la palabra hasta que fui un adulto; mas yo lo adoraba. El frecuentaba un centro espiritista. A mí nunca me gustó el espiritismo, pero en ocasiones iba.

No sé cómo sucedió realmente, pero me aceptaron para estudiar en una escuela de bellas artes, donde alcancé una maestría con honores en artes gráficas. Pero nunca ejercí esa carrera. Decidí ser modelo de ropas, y modelando viajé de Brasil a París.

Estaba muy metido en las drogas y llevaba un estilo de vida vertiginoso. Algunas veces pasaba temporadas solo en la casa de playa de mi familia. Miraba al cielo y pensaba en el que colocó las estrellas en el cielo e hizo que el sol se levantara. Tenía hambre de saber quién era él, pero no sabía dónde buscarlo.

Entonces conocí a Ellen, una judía de los Estados Unidos que también era modelo. Cuando la conocí, decidí cambiar mi estilo de vida, pero no pude hacerlo. Ella se fue durante cinco días por asuntos de trabajo, y yo fui a la playa con mis amigos. Estábamos muy drogados y cuando me lancé en medio del oleaje, una poderosa ola me arrastró mar adentro. Ola tras ola me golpeaban. No podía respirar y pensé: "¡Oh Dios mío! ahora que he conocido a Ellen y quiero cambiar, ¿voy a morir?" Esta fue la primera vez en mis 37 años que había clamado a Dios, pero él me oyó... y de pronto me encontré en la arena, temblando y todo golpeado, completamente aterrorizado, pero asombrado de estar vivo.

A los once meses no sólo tenía una esposa, sino también un bebé... y no podía con todo aquello. En vez de esconder la cabeza en los brazos como cuando era un niñito, me "desconectaba" y miraba al techo en un trance... Todavía era modelo, y todo lo que intentaba fracasaba... así que decidí irme con mi esposa e hijo a Fort Lauderdale, Florida.

Mi primer empleo fue trabajar tiempo parcial en una tienda de ropa para hombres en el elegante "Las Olas Boulevard". Estaba aterrorizado porque no podía hablar bien el inglés; así que también cavaba zanjas, hacía huecos en cemento, limpiaba inodoros y lavaba automóviles. Tenía un grave problema con la pornografía y estaba totalmente deprimido. No podía ajustarme a la cultura norteamericana, y la mayoría de la gente para quienes trabajaba me estafaban o no me pagaban en absoluto.

Entonces nos invitaron a *The Good News Church* (Iglesia de las Buenas Nuevas); Ellen cayó de rodillas y recibió al Señor sin entenderlo intelectualmente ¡sólo con temor y temblor! Yo pasé adelante para salvación a la semana siguiente, pero pareció que nada hubiera sucedido. Los trances empeoraron; no podía mantener un empleo ni por una semana; mi depresión empeoró; Ellen y yo peleábamos continuamente porque no teníamos dinero.

Como Ellen había estado metida en el ocultismo, supo que necesitaba liberación; y la consiguió cuando renunció a todo lo oculto. Yo no podía creer que necesitara liberación de espíritus malignos; tampoco podía creer que Dios quisiera bendecirme como yo veía que bendecía a otros.

Para entonces yo había desempeñado casi todos los trabajos humildes ¡que el hijo de un general jamás haría! La gente me decía: "¿Por qué no aprovechas tus habilidades creativas?" Pero yo tenía miedo; cualquier cosa buena me parecía inalcanzable.

Acudí al seminario de Derek Prince sobre "Maldiciones: Causas y curas", pero nada sucedió. Conseguí los casetes y los toqué una y otra vez sin resultados. Podía ver mi necesidad y deseaba desesperadamente librarrme; pero parecía que a mí no me daba resultado.

Obtuve mi liberación poco a poco. Después de dos años y medio de ser cristiano sin progresar, decidí ayunar y pedirle a Dios que me ayudara y me liberara. Pude ayunar diez días, y cuando algunos amigos cristianos oraron por mí, recibí liberación parcial.

Por primera vez en mi vida tuve un poco de GOZO... pero no duró mucho. Teníamos numerosos accidentes automovilísticos; no era capaz de mantener a mi familia; me preocupaba mi padre en Brasil, que estaba agonizando, pero no podía darme el lujo de ir a visitarlo.

Personas que trataban de ayudarme creían que mi situación era imposible: yo era tan pasivo. Me sentía incómodo con hombres cristianos...

Ellen y dos amigas empezaron a reunirse para orar por sus esposos a las 6:00 a.m. en la casa de oración. Ella me decía: "Voy a orar para que tengas éxito en todo lo que pongas tu mano, y que el Señor te proporcione un trabajo que te guste donde puedas aprovechar los dones que él ha puesto en ti". Yo no podía creer que Dios contestaría semejante oración; ¿cómo podía creerlo ella? (Desde entonces las tres mujeres han visto sus peticiones contestadas: un esposo es ahora ministro de Dios a tiempo completo, otro fue liberado del alcoholismo y yo conseguí exactamente lo que mi esposa pidió).

Finalmente, después de seis años de ser cristiano fui al pastor para recibir la liberación de espíritus malignos (después de años de ser demasiado orgulloso para admitir que lo necesitaba). Más tarde asistí al seminario de "Evangelización Explosiva". Cuando descubrí lo que Jesucristo había hecho por mí, me quedé completamente asombrado. Tenía tanto GOZO — estaba tan enamorado de Dios— que mis compañeros de trabajo y mis clientes en la tienda ¡empezaron a venir a la iglesia para averiguar lo que me había sucedido!

Pero una vez más, después de un tiempo, mi gozo disminuyó: mi empleo, mis finanzas, mi preocupación por mi padre agonizante... Todavía estaba pasivo, todavía frustrado. Empecé a sentir un vivo impulso de pintar... pero estaba tan asustado, tenía tanto miedo de fracasar. Finalmente lo intenté... y lo que salió fue tan primitivo ¡que la gente creyó que lo había pintado mi hijo de ocho años! Pero Dios siguió infundiéndome ideas; empecé a crear en mi mente.

Decidí iniciar un ayuno de cuarenta días. Sentía que Dios deseaba que dejara mi empleo en la tienda de ropa, pero quería estar *seguro*. Dije que no comería hasta que él me hablara. Después de cuarenta días todavía no había escuchado nada. Así que durante todo el verano comía dos semanas y ayunaba otras dos. Aquella fue la temporada más difícil de mi vida. Fue tan duro que aprendí a "clamar" a Dios pidiendo su misericordia. Le "rogaba" que me hablara. "Necesitaba conocer su voluntad". Mi esposa y mis hijos me imponían las manos y rogaban a Dios que hiciera un milagro en mi vida...

Entonces un artista amigo me dio algunos lienzos tensados en bastidores... Un domingo mandé a mi familia para la iglesia y pinté mi primer cuadro.

Dos días después, sentado en la tienda de ropa, el Señor me habló:

—Otto, ¿crees en realidad que yo quiero bendecirte?

Contesté:

—Sí, Señor...

—Entonces, ¿por qué estás sentado aquí? Estás aquí porque no quieres ser bendecido. Tienes que escoger. Nunca has confiado realmente en mí para que controle tu vida por completo.

Respondí:

—¡Tómala! Mi vida es tuya.

Entonces me dijo:

—Toma tu maleta y vete a casa.

(Para mí fue como si hubiese dicho: *Toma tu lecho, y vete a tu casa*).

Me levanté, salí de allí y jamás miré hacia atrás.

Aquel primer cuadro lo vendí en una semana por $80. En dos semanas había vendido seis cuadros en $900. A los dos meses mis cuadros se vendían a $600 cada uno; antes del año a $1,800; antes de dos años llegaron a $6,500.

He vendido todo lo que he pintado y no puedo satisfacer la demanda... y ¡me encanta mi trabajo!

A los nueve meses de pintar no sólo era capaz de mantener a mi familia, sino que tenía suficiente dinero para ir a Brasil. Mi padre *jamás* había oído del evangelio, pero cuando lo oyó, ¡creyó! Tuve el regocijo de ver a mi padre de 89 años reunir hasta el último átomo de fuerza que le quedaba para pronunciar la oración del pecador, y también guié al Señor a muchos de mis hermanos y hermanas, además de enfermeras y extraños. Dos semanas después que regresamos a Estados Unidos ¡mi padre murió con gozo en su rostro! ¡Qué privilegio me concedió el Señor!

Los principales cambios en mi vida parecen ser obviamente los económicos; pero, mucho más importante, Dios completó la revelación de lo que Cristo Jesús hizo por mí en la cruz. Ahora creo firmemente que él nos liberó de la maldición y que su deseo es bendecirnos, y que él quiere que le demos *completo* control sobre todo lo que nos concierne. Que sin su poder y su gracia yo nada puedo hacer; mucho menos crear. Dependo totalmente de su unción. *¡Sé que él me ama!*

Ahora Dios me habla en sueños y muy claro... Tengo confianza en que si él quiere que deje de pintar, será para que haga algo mejor. Continuaré alabándolo y confiando en él.

Ahora tengo tres preciosos y saludables hijos, un matrimonio feliz, amigos maravillosos y me considero bendecido entre los hombres. He visto al enemigo derrotado por completo en mi propia vida, y Dios me ha dado un testimonio que ha alentado a multitudes de cristianos y desconcertado a los incrédulos.

La historia de Otto contiene muchas características que son típicas de personas cuyas vidas están ensombrecidas por las maldiciones. También puede alentar a quienes quieran ayudar a sus seres queridos que se encuentran en situaciones similares. He aquí algunas de las principales lecciones que debemos aprender:

La raíz, causa de las maldiciones en la vida de Otto fue la participación profunda de sus antepasados en el espiritismo durante muchas generaciones. He podido comprobar que la maldición es la secuela segura de este tipo de participación, tal como la noche sigue al día.

La maldición consiguiente no afectó únicamente a Otto como individuo. Afectó a casi todos sus hermanos y hermanas, de varias formas. El explica que dos de ellos han pasado largos períodos en instituciones psiquiátricas.

Uno de los primeros pasos en la liberación de Otto fue un "diagnóstico correcto" de su condición. Una vez que él comprendió con claridad que su vida estaba bajo una maldición, se sintió impulsado a buscar la liberación que Jesús había comprado para él mediante el intercambio en la cruz.

Pero, como muchos otros, Otto había vivido durante tanto tiempo bajo maldición que no podía imaginarse la bendición de Dios como una realidad en su propia vida. Por su propia cuenta, probablemente nunca hubiera podido entrar en la bendición. Era demasiado tímido e introvertido. Le faltaba la "pujanza" necesaria para abrirse paso hasta el reino de Dios. Pero la intercesión persistente de su esposa e hijos, y de otros, gradualmente lo liberaron de su timidez y edificaron en él la fe decidida que lo capacitó para salir de la maldición y entrar en la bendición.

Esto debe alentar a otros cristianos preocupados por miembros de su familia u otros seres queridos que sufren bajo una maldición. La intercesión paciente y persistente —impulsada por el amor— puede liberar a los que no son capaces de ejercer la fe para sí mismos.

Quizás usted sea un padre leyendo esto y comprende con profunda angustia que sus incursiones en el ocultismo han traído maldiciones sobre sus hijos, con las que han quedado prisioneros de Satanás. Para los padres que se arrepienten y buscan a Dios con todo su corazón, él tiene en Isaías 49:24-25 una promesa especial:

> *¿Será quitado el botín al valiente? ¿Será rescatado el cautivo de un tirano? Pero así dice Jehová: Ciertamente el cautivo será rescatado del valiente, y el botín será arrebatado al tirano; y tu pleito yo lo defenderé y yo salvaré a tus hijos.*

Para terminar, es alentador mirar la magnitud de la bendición que Otto disfruta hoy. Dios lo ha bendecido —tal como hizo con Abraham— "en todo".

21

Más allá de la confesión: La proclamación, la acción de gracias y la alabanza

La oración de liberación en el capítulo 18 se centró inicialmente en la verdad revelada en Hebreos 3:1: Jesús es "el sumo sacerdote de nuestra profesión [confesión]". Este principio también debe gobernar nuestra relación progresiva con el Señor. En cada situación que enfrentamos, tenemos que responder con una confesión de las Escrituras apropiada a fin de invocar en beneficio de nosotros el continuo ministerio de Jesús como nuestro sumo sacerdote.

En la mayoría de las situaciones tenemos tres posibilidades: hacer una confesión bíblica y positiva; no confesar nada; o hacer una confesión antibíblica y negativa. Si hacemos una confesión positiva, facultamos el ministerio de Jesús para ayudarnos y satisfacer nuestra necesidad. Si no confesamos nada, nos quedamos a merced de las circunstancias. Si hacemos una confesión antibíblica y negativa, quedamos a merced de las fuerzas malignas y diabólicas. En el capítulo 12, en el tema de las "maldiciones autoimpuestas", ofrecimos varios ejemplos, que demostraban cómo las palabras negativas dan libertad a las fuerzas malignas y negativas para que obren en las vidas de las personas.

Es importante distinguir entre la confesión bíblica de la fe verdadera y dinámicas como los sueños ilusorios o la presunción irreverente o alguna clase de filosofía del "dominio de la mente sobre la materia". Hay tres diferencias principales: Primero que nada, la "confesión" en el sentido bíblico está limitada a las afirmaciones y promesas de la Biblia. Consiste en decir con nuestra boca lo que Dios ya dijo en su palabra. Esta confesión no puede ir más allá.

Segundo, la confesión está limitada también por las condiciones propias de cualquier promesa en particular. La gran mayoría de las promesas en la Biblia son *condicionales*. Dios dice, en efecto: "Si tú haces esto, Yo haré aquello". Si nosotros no hemos hecho el "esto" adecuado, no tenemos derecho de esperar que Dios haga el correspondiente "aquello". La confesión es válida sólo si ya se han cumplido las condiciones requeridas. Nunca sustituye la obediencia.

Tercero, la confesión no puede reducirse a un "sistema" conveniente, operado por la voluntad humana. De acuerdo con Romanos 10:10, la confesión es eficaz sólo si procede de la fe en el *corazón*. Hay una diferencia radical entre la fe en el corazón y la fe en la mente. La fe en la mente es el resultado de nuestros propios procesos mentales; todo lo que producen son palabras carentes de poder. Por otra parte, la fe en el corazón es engendrada únicamente por el Espíritu Santo, y produce *palabras cargadas de poder* para llevar a cabo lo que se confiesa. Lo que Dios ha prometido a la fe en el corazón está fuera del alcance de la mera fe mental.

Al impartir fe en el corazón, el Espíritu Santo guarda celosamente su propia soberanía. No responde a la "hechicería". Nadie puede manipularlo o intimidarlo o hacerlo obrar en contra de su voluntad. Refiriéndose a esta clase de fe, Pablo nos dice en Efesios 2:8-9 que:

> *Esto no de vosotros, pues es don de Dios; no por obras, para que nadie se gloríe.*

La fe mental con frecuencia tiende a ser jactanciosa y autosuficiente. La fe genuina del corazón, por otra parte, reconoce humildemente su total dependencia de Dios.

Con estos requisitos, la confesión —correctamente comprendida y practicada— puede ser un factor decisivo en la vida cristiana. En Santiago 3:4-5 el apóstol compara la lengua con el timón de un navío. Aunque pequeño en comparación con toda la estructura de la embarcación, el timón determina el curso que el barco seguirá. Usado correctamente, guiará al navío con seguridad a su puerto de destino. Usado equivocadamente, causará el naufragio del barco.

Esto se aplica a la forma en que expresamos nuestra fe. Confesada correctamente puede conducirnos a todas las bendiciones que Dios ha prometido. La confesión incorrecta puede llevarnos más y más lejos: a mares inexplorados y peligrosos donde nos espera alguna clase de naufragio.

Con frecuencia las personas no están dispuestas a aceptar su responsabilidad por las palabras que pronuncian. De acuerdo con Jesús, sin embargo, no hay forma de escaparse de ella:

> *Porque por tus palabras serás justificado, y por tus palabras serás condenado.*
>
> Mateo 12:37

Nuestras palabras confirmarán nuestra justicia ante los ojos de Dios o nos pondrán bajo condenación. No hay términos medios.

De acuerdo con Romanos 10:10, la fe en el corazón tiene efecto pleno sólo cuando la confesamos con la boca. Igual es con la incredulidad. Cuando expresamos nuestra incredulidad con palabras, liberamos su poder negativo para que obre contra nosotros y retenga las bendiciones que Dios ha prometido a la fe.

En Hebreos 4:14 el escritor ofrece dos advertencias más relativas a la importancia de la confesión correcta:

> *Por tanto, teniendo un gran sumo sacerdote que traspasó los cielos, Jesús el Hijo de Dios, retengamos nuestra profesión [confesión].*

Y también en Hebreos 10:21, 23:

> *Y teniendo un gran sacerdote sobre la casa de Dios... Mantengamos firme, sin fluctuar, la profesión [confesión] de nuestra esperanza, porque fiel es el que prometió.*

En cada uno de estos pasajes hay un vínculo directo entre nuestra confesión y el ministerio de Jesús como nuestro sumo sacerdote. A lo largo del Nuevo Testamento se cumple el mismo principio: es nuestra confesión la que nos une a Jesús como nuestro sumo sacerdote y libera su ministerio sacerdotal en favor de nosotros.

La otra idea importante en estos pasajes está en las palabras "mantengamos firme". Es importante hacer la confesión inicial correcta, pero eso en sí no es suficiente. En cada situación subsecuente donde se apliquen los mismos planteamientos, tenemos que ser consecuentes y reafirmar nuestra confesión original.

En Hebreos 10:23 el escritor nos desafía, no sólo a mantener firme nuestra confesión, sino a mantenerla firme *sin fluctuar*. Está claro que él prevé varias situaciones posibles que pudieran provocarnos a fluctuar. La "fluctuación" pudiera manifestarse en no poder mantener la confesión inicial correcta, o aún en cambiar una confesión positiva por una negativa. En cualquier caso, la advertencia contra la fluctuación indica que todas las presiones dirigidas contra nosotros tienen un objetivo: hacer que nos retractemos, o aún que neguemos, nuestra confesión original correcta.

El concepto de hacer la confesión correcta parece muy sencillo, quizás hasta simplista: sólo decir con respecto a cada problema o a cada prueba, exacta, y únicamente, lo que la Biblia dice acerca de ello, y seguir diciéndolo. Sí, es sencillo, ¡pero no es fácil! En realidad, he llegado a la conclusión —tanto por la experiencia en mi propia vida como por observarlo en la vida de otros— que es quizás la prueba más escrutadora del carácter y compromiso del cristiano.

Es la prueba que ha enfrentado todo mártir. De frente a las acusaciones, las amenazas y las torturas, ha tenido un compromiso supremo: mantener *hasta el final* su confesión de la verdad.

Cuando las acusaciones vienen de enemigos humanos visibles, los planteamientos por lo menos son claros. Pero hay otra clase de prueba, menos fácil de discernir, en que las acusaciones son internas, dirigidas contra la mente por poderes diabólicos invisibles. No obstante la proposición es la misma: mantener la confesión de la verdad con determinación inconmovible hasta silenciar y derrotar esas fuerzas invisibles.

Cualquier cristiano que pase con éxito esta prueba puede estar seguro de que será un vencedor y, como tal, heredará las bendiciones que Dios ha prometido a los que vencieren.

Sin embargo, para dar a la fe una plena expresión victoriosa, hay otro concepto bíblico que nos lleva más allá de la confesión. Es la "proclamación". Derivada del verbo latino que significa "dar voces" o "publicar en alta voz", la *proclamación* sugiere una fuerte y confiada afirmación de la fe, que no puede ser silenciada por ninguna forma de oposición o desaliento. Implica una transición de la posición defensiva a una de *ataque.*

En el Salmo 118:11-17 el salmista describe esta experiencia. Sus enemigos lo habían rodeado por todos lados y estaban a punto de destruirlo, pero el Señor intervino y le dio la victoria. En los versículos 15 al 16 describe su transición de la defensa al ataque:

> *Voz de júbilo y de salvación hay en las tiendas de los justos; la diestra de Jehová hace proezas,... No moriré, sino que viviré, y contaré las obras de Jehová.*

Lo que selló su victoria fue la gozosa y confiada proclamación del salmista de lo que el Señor había hecho por él. Correctamente puesta en práctica, hará lo mismo por nosotros.

Mientras practicamos la proclamación confiada de todo lo que Dios nos ha proporcionado mediante el sacrificio de Jesús, eso nos conducirá naturalmente a otras dos formas de expresión: la acción de gracias y la alabanza. Si verdaderamente creemos lo que proclamamos, ¡ésa es la única respuesta adecuada! Donde quiera que exista una fe genuina, la proclamación será seguida siempre por la acción de gracias y la alabanza.

Aunque están muy íntimamente relacionadas, entre la acción de gracias y la alabanza hay una diferencia. En términos sencillos: Damos gracias a Dios por lo que él *hace;* lo alabamos por *ser quien es.* Unidas, la acción de gracias y la alabanza, nos dan acceso directo a la presencia de Dios.

El Salmo 100:4 lo describe muy claramente:

> *Entrad por sus puertas con acción de gracias. Por sus atrios con alabanza; alabadle, bendecid su nombre.*

El salmista describe dos etapas para acercarse a Dios. Primero, entramos por sus *puertas* con *acción de gracias;* después, pasamos por sus *atrios* con *alabanza.* Esto nos conduce a la presencia inmediata de Dios. Si no llenamos estos requisitos para entrar, seguiremos clamando a Dios... pero desde lejos. El contestará a su grito por su misericordia, pero no tendremos acceso directo a su presencia.

La acción de gracias y la alabanza son las dos formas más inmediatas en que nuestra fe puede responder a Dios. Cuando Dios nos da una promesa de bendición o nos revela una provisión que ha hecho para nosotros, necesitamos responderle como Abraham y aceptar la palabra de Dios para nosotros como verdadera desde el momento en que la dice. Por consiguiente, es lógico que empecemos a darle gracias y alabarlo inmediatamente. No esperamos hasta que hayamos experimentado el cumplimiento de la promesa o de la provisión.

En 2 Crónicas se ilustra este principio con un suceso en el reinado de Josafat, rey de Judá. Al rey le avisaron que un gran ejército invasor avanzaba contra él desde el sur. Josafat no tenía los recursos militares para oponerse a este ejército. Por lo tanto, citó a todo el pueblo para buscar juntos la ayuda de Dios unidos en oración y ayuno.

Dios respondió a su oración por medio de un levita, con una palabra profética dando instrucciones a Josafat para que condujera a su pueblo contra el enemigo por un cierto camino, y agregó palabras de confianza y aliento:

> *No temáis ni os amedrentéis delante de esta multitud tan grande, porque no es vuestra la guerra, sino de Dios... No habrá para qué peleéis vosotros en este caso; paraos, estad quietos, y ved la salvación de Jehová con vosotros.*

Nada había cambiado hasta aquí en la situación militar, pero Josafat recibió la promesa de Dios *por fe,* sin pedir más pruebas. Al día siguiente *puso a algunos que cantasen y alabasen a Jehová, vestidos de ornamentos sagrados, mientras salía la gente armada, y que dijesen: "Glorificad a Jehová, porque su misericordia es para siempre".*

Por cierto que esta no era la forma convencional que un ejército iba a la guerra... ¡pero dio resultado! Tan pronto como el Señor escuchó las alabanzas de su pueblo, intervino soberana y sobrenaturalmente, enviando un espíritu de división entre los diversos grupos nacionales que componían el ejército invasor. De repente, y sin razón aparente, empezaron a pelear unos contra otros, hasta quedar destruidos. El pueblo de Judá no tuvo que luchar, sino sólo ¡recoger el botín de sus enemigos muertos! Dios intervino de esta forma porque su pueblo respondió a su promesa por fe, sin esperar una confirmación ulterior.

En este relato se ilustran dos principios importantes. Primero, Dios espera que lo alabemos por las promesas que nos da, sin esperar a verlas cumplidas. Segundo, la alabanza ofrecida en fe libera la intervención sobrenatural de Dios en favor de nosotros. En resumen: La fe empieza a alabar a Dios *antes* de la victoria prometida, no sólo hasta después.

En el Nuevo Testamento, en Hechos 16, la experiencia de Pablo y Silas en Filipos ilustra el mismo principio en forma espectacular. Por haber echado fuera un demonio de una muchacha esclava, fueron injustamente arrestados, salvajemente torturados y golpeados, y después arrojados en la sección de máxima seguridad de la cárcel, con sus pies en cepos. No había un rayo de esperanza en sus tinieblas, ninguna fuente de consuelo o aliento en su situación física, ni seguridad de lo que deparaba el futuro.

Pero en su espíritu ellos sabían que nada podría cambiar la eterna fidelidad de Dios, y nada podría robarles la victoria que Cristo había ganado para ellos. La lógica de su fe triunfó sobre la lógica de sus circunstancias. A medianoche —la hora más obscura— ¡estaban cantando himnos de alabanza a Dios!

Sus alabanzas hicieron por ellos lo mismo que por el ejército de Josafat: Permitieron la intervención sobrenatural de Dios en su favor.

> *Entonces sobrevino de repente un gran terremoto, de tal manera que los cimientos de la cárcel se sacudían; y al instante se abrieron todas las puertas, y las cadenas de todos se soltaron.*
>
> Hechos 16:26

En el Salmo 50:23 el mismo Señor resume la lección del ejército de Josafat y de Pablo y Silas en la cárcel:

> *El que sacrifica alabanza me honrará; y al que ordenare su camino, le mostraré la salvación de Dios.*

La salvación de Dios ya está completa mediante el sacrificio de Cristo Jesús en la cruz. Nada que digamos o hagamos podrá cambiar eso. Pero cuando respondemos con sacrificios de acción de gracias y alabanza, abrimos el camino para que los beneficios de la salvación se manifiesten en nuestra vida. Como Josafat y como Pablo y Silas, tenemos que aprender a ofrecer estos sacrificios en fe, antes que experimentemos en realidad los beneficios.

En el Salmo 20:5 David dice:

> *Nosotros nos alegraremos en tu salvación, y alzaremos pendón en el nombre de nuestro Dios; conceda Jehová todas tus peticiones.*

Además, en el Cantar de los Cantares de Salomón 6:10 la Novia de Cristo se describe como *imponente como ejércitos en orden.* Tres de los "pendones" más eficaces que Dios nos ha dado son *la proclamación, la acción de gracias y la alabanza.*

Primero, alzamos el pendón de la proclamación. Decimos en voz alta, en fe, la promesa o las provisiones de la palabra de Dios que se apliquen a nuestra situación particular o satisfagan nuestra necesidad personal. Después, seguimos dando gracias a Dios —todavía en fe— por la verdad que hemos proclamado. Finalmente, pasamos de la *acción de gracias a la alabanza* jubilosa. Todo esto lo hacemos *en pura fe,* sin esperar por algún cambio visible en nuestra situación.

A su manera y a su tiempo, Dios responde a nuestra fe, tal como hizo con la de Abraham. La verdad, que hemos proclamado y por la que hemos dado gracias y alabado, se convierte en una realidad para nosotros.

Cuando levantamos estos tres pendones de proclamación, acción de gracias y alabanza, logramos dos propósitos a una misma vez: Primero, nos aseguramos de las bendiciones prometidas por Dios que hemos proclamado. Segundo, expulsamos las fuerzas satánicas que se nos opondrían y tratarían de detener las bendiciones para que no lleguen a nosotros. De esta manera, cuando entramos en nuestra herencia marchando juntos, damos cumplimiento al cuadro profético de Salomón de un ejército imponente y con pendones.

22

Proclamas para victorias constantes

Las verdades que he declarado en este libro son mucho más que el fruto de una búsqueda intelectual de conocimiento abstracto. Por el contrario, las he "extraído" en la persistencia e intensidad de la oración y en el conflicto espiritual, que Ruth y yo hemos compartido durante tres años por lo menos. Cada verdad principal revelada en este libro ha sido sometida primero a la prueba de nuestra propia experiencia. No he creído que debía comunicar a otros teorías que no habían funcionado en nosotros.

En el capítulo anterior expliqué que la proclamación, la acción de gracias y la alabanza, obrando juntas, pueden hacer que las bendiciones prometidas por Dios vengan a nuestra vida. En este capítulo contaré brevemente cómo Ruth y yo hemos ido aprendiendo a aplicar este principio en nuestra propia vida. La práctica regular de proclamar la palabra de Dios, y después darle gracias y alabarlo, se ha vuelto una parte esencial de nuestra disciplina espiritual personal. La consideramos como una de las más valiosas verdades de las Escrituras que Dios nos ha revelado.

Dios nos ha guiado a establecer un "banco" central de Escrituras, que hemos memorizado y de donde sacamos en nuestros tiempos de oración, o cuando nos vemos envueltos en conflictos espirituales. El proclamar éstas en fe invariablemente libera las correspondientes expresiones de gratitud y alabanza.

Normalmente las decimos en voz alta, solos o juntos. No obstante, no estamos hablándonos uno al otro o al techo de nuestra habitación. Le hablamos a un vasto e invisible mundo de seres espirituales: primeramente, a Dios el Padre, el Hijo y el Espíritu; después a todos los seres celestiales que adoran y sirven a Dios, y que han sido nombrados *espíritus ministradores, enviados para servicio en favor de los que serán herederos de la salvación* (Hebreos 1:14). También estamos conscientes de que estamos rodeados por una *tan grande nube de testigos,* constituida por los santos de todas la edades, quienes han terminado victoriosamente su peregrinaje terrenal (Hebreos 12:1).

Creemos que ésta es una aplicación legítima de Hebreos 12:22-24:

> *Que os habéis acercado al monte de Sión, a la ciudad del Dios vivo, Jerusalén la celestial, a la compañía de muchos millares de ángeles, a la congregación de los primogénitos que están inscritos en los cielos, a Dios el Juez de todos, a los espíritus de los justos hechos perfectos, a Jesús el Mediador del nuevo pacto, y a la sangre rociada que habla mejor que la de Abel.*

Sin embargo, también incluidos en nuestro auditorio están Satanás y todos los ángeles malignos y otros seres diabólicos que él controla. Estos operan de forma exactamente opuesta a los ángeles ministradores de Dios. Su propósito es infligir todas las formas de daño y maldad sobre toda la humanidad, pero primero y principalmente, sobre quienes están sirviendo al verdadero Dios.

En este contexto, nuestra proclamación tiene dos efectos. Por una parte, invoca en beneficio nuestro la ayuda de Dios y de sus ángeles. Por otra, nos protege de los planes y asaltos de Satanás y sus fuerzas diabólicas.

Esta forma de proclamación edifica continuamente nuestra fe. De acuerdo con Romanos 10:17, "La fe viene por el oír... la palabra [la *rhëma*, la palabra hablada] de Dios". El escuchar a otros hablar la palabra de Dios es provechoso, pero oírnos a nosotros mismos decirla es mucho más eficaz. Mientras hablamos y oímos, ambos filos de la espada de la palabra de Dios obran en nosotros simultáneamente (Ver Hebreos 4:12).

Finalmente, cuando hacemos la misma proclama juntos, en armonía, se libera el poder sobrenatural. Jesús dijo:

> *Si dos de vosotros se pusieren de acuerdo [armonizar]... acerca de cualquier cosa... les será hecho por mi Padre que está en los cielos.*
>
> Mateo 18:19

El poder de un creyente haciendo una proclama él solo es tremendo, pero el poder de dos o más haciendo la misma proclama juntos, en armonía, aumenta en progresión geométrica.

Hay muchas veces y situaciones, por supuesto, donde sería fuera de lugar hacer una proclama en voz alta. La otra opción es hacer la misma proclama inaudible en nuestra mente. Las palabras inaudibles también pueden hacer un poderoso impacto en el reino espiritual.

Esta es probablemente la manera más eficaz para lidiar con las mentiras y acusaciones con las que el enemigo bombardea nuestra mente. La mente es el principal campo de batalla en todos los conflictos de esta naturaleza. Cuando nuestra mente responde activamente a la palabra que estamos proclamando internamente, no se deja espacio para los pensamientos e insinuaciones negativas del enemigo.

Sin embargo, en todo esto debemos tener cuidado de reconocer nuestra continua dependencia del Espíritu Santo.

De otra manera, la mente carnal puede reducir estos principios a un "sistema" en el cual Dios desempeña la función de un "distribuidor automático en el cielo". Nos limitamos a insertar la proclama correcta, ¡y sale cualquier marca de gratificación carnal que seleccionemos! Es obvio que esto es una caricatura de la relación de un creyente con Dios.

Pudiera existir una amplia brecha entre la forma en que nos vemos y el modo en que el Espíritu Santo nos ve. Pudiera ser que estemos pensando en lo que *deseamos,* mientras el Espíritu Santo ve lo que *necesitamos.* El es el único en quien se puede confiar para dirigir a cada uno de nosotros al tipo de proclamación que viene bien con nuestra situación individual y nivel de fe. De esta manera, Dios puede llevar a cabo su propósito en nuestra vida.

Con esta advertencia, pienso que sería útil que enumerara más abajo, como simples modelos, algunas de las proclamas que Ruth y yo hacemos regularmente, y dependiendo de las situaciones en las que sean apropiadas. Hasta donde sea posible, "personalizamos" las escrituras que citamos. Por ejemplo, si es una declaración dirigida a los creyentes y empieza con el pronombre "ustedes" o "vosotros", normalmente lo cambiamos por "yo" o "nosotros", y hacemos los cambios gramaticales que hagan falta.

Mi lista empieza con escrituras directamente asociadas con el tema de este libro, pero continúa con otras que tienen una aplicación más generalizada. Se intercalan algunos comentarios y explicaciones. En cada caso, se da la referencia pertinente de la Escritura.

1. Como resultado de pronunciar la oración para liberación de las maldiciones (ver capítulo 18)

Mediante el sacrificio de Jesús en la cruz, he salido de la maldición y he entrado en la bendición de Abraham, a quien Dios bendijo en todo.

basado en Gálatas 3:13-14

Ruth ha recibido liberación de muchas maldiciones que pesaban sobre su vida, pero ha tenido que librar una batalla constante para mantenerse viviendo lo que dijo. Por consiguiente, esta proclama ha significado mucho para nosotros. Con frecuencia la repetimos muchas veces en el día. Durante los últimos dos o tres años hemos repetido estas palabras muchos cientos de veces. Cada vez que lo hacemos, nos alejamos más de los efectos de las maldiciones y nos acercamos a la bendición que es nuestra herencia.

2. Cuando nos percatamos de las fuerzas negativas dirigidas contra nosotros, tanto de los siervos de Satanás como de las frases engendradas en el alma de los cristianos (ver capítulos 13, 14 y 15)

Ninguna arma forjada contra mí prosperará, y condenaré toda lengua que se levante en juicio contra mí. Esta es mi herencia [mi derecho de herencia] como siervo del Señor, y mi justicia viene de ti, oh Señor.

basado en Isaías 54:17

Hay dos puntos importantes que señalar con relación a esta proclama. Primero, no pedimos a Dios que condene cualquier lengua que hable contra nosotros. Dios nos ha dado la autoridad para hacerlo nosotros mismos, y él espera que nosotros la ejerzamos.

Segundo, nuestro derecho para ejercer esta autoridad depende de que no estemos actuando motivados por nuestra propia justicia, sino porque la justicia de Dios nos es concedida en base a nuestra fe. Está claro que esto procede del intercambio de Cristo Jesús, en la cruz, quien fue hecho pecado con nuestra pecaminosidad para que nosotros pudiéramos ser justos con su justicia. Los diferentes beneficios de ese intercambio están todos interrelacionados, y no deben ser separados unos de otros.

Pero Dios requiere de nosotros más que el sólo devolver las palabras malignas pronunciadas contra nosotros. Después de hacerlo, nos ordena que perdonemos a quienes pretenden dañarnos. Finalmente, espera que nosotros salgamos de lo negativo y entremos en lo positivo: que respondamos a una maldición con una bendición.[1]

Bendecir a quienes nos maldicen, así como perdonar a quienes nos hacen daño, no espera en nuestras emociones. Proviene de una firme decisión de nuestra voluntad, hecha en obediencia a la palabra de Dios. He aquí frases adecuadas que comprenden tanto el perdón como la bendición:

> *Señor, perdono a todos los que han hablado mal contra mí, y después de perdonarlos, los bendigo en tu nombre.*

En total, necesitamos seguir tres pasos sucesivos cuando respondemos a quienes nos maldicen. Primero, condenamos la lengua que ha proferido la maldición. Segundo, perdonamos a la persona de quien procedió la maldición. Tercero, pedimos a Dios que bendiga a la persona. Con estos tres pasos, podemos disipar cualquier oscuridad o pesadez espiritual que una maldición haya traído sobre nosotros.

3. Cuando sentimos la presión del pecado o la culpa o la falta de méritos que vuelven del pasado a perseguirnos

> *Yo estoy en Cristo, y por lo tanto soy una nueva criatura. Todas las cosas viejas pasaron. Todo en mi vida está hecho nuevo, y todo es de Dios.*
>
> basado en 2 Corintios 5:17-18

Dios acepta toda la responsabilidad por la nueva criatura. Todo es obra suya. Nada viene de la vieja criatura, que el pecado echó a perder y corrompió.

---

1 Este tema se trata más extensamente en el capítulo 24.

Cuando el pasado viene a reclamar su derecho sobre nosotros, necesitamos meditar en el cuadro que Juan nos da en Apocalipsis 21:5:

> *Y el que estaba sentado en el trono dijo: "He aquí, yo hago nuevas todas las cosas". Y me dijo: "Escribe, porque estas palabras son ciertas y verdaderas".*

Estas palabras vienen de uno que se sienta en el trono, uno que tiene bajo su control el universo entero y todo lo que hay en él. Eso incluye cada detalle de nuestra vida. El reafirma que él lo hace *todo* nuevo.

Parece que Juan pudiera haberse preguntado si era un reclamo demasiado estupendo, incluso para Dios. Pero el Señor le asegura: *Escribe; porque estas palabras son fieles y verdaderas.* Es como si dijese: "Sí, Juan, puedes asegurarle a mi pueblo: Yo hago exactamente lo que digo".

4. Cuando nos sentimos oprimidos por la desesperanza y por sombríos presagios de muerte

> *No moriré, sino que viviré, y contaré las obras de Jehová.*
>
> Salmo 118:17

Por supuesto, esto no significa "No moriré nunca" sino sólo "No moriré antes del tiempo señalado por Dios. No permitiré que Satanás me asesine". Proclamado con fe y comprensión, este versículo puede librar y proteger a quienes asedia un espíritu de muerte. Puede usarse para revocar las palabras negativas por medio de las cuales las personas se exponen a sí mismas a ese espíritu. (Para ejemplos, ver capítulo 12.)

Para algunas personas quizás sea necesario repetir esta proclama muchas veces, hasta que se vuelva más real que todos sus previos patrones negativos de pensamiento. Recuerde que

Jesús requirió que Pedro reafirmara su amor por él tantas veces como lo había negado anteriormente.

5. Cuando nos ataquen enfermedades o dolencias físicas

Jesús llevó mis pecados en su cuerpo sobre el madero, para que yo, habiendo muerto a los pecados, viva para justicia; y por cuya herida fui sanado.

basado en 1 Pedro 2:24

También he preparado la siguiente proclama especial, que combina verdades de diferentes escrituras y que ha ayudado a cristianos en muchas partes del mundo:

Mi cuerpo es un templo del Espíritu Santo, redimido, limpiado y santificado por la sangre de Jesús. Mis miembros —las partes de mi cuerpo— son instrumentos de justicia, presentados a Dios para servirlo y glorificarlo. El diablo no tiene lugar en mí, ni poder sobre mí, ni reclamos pendientes contra mí. Todo ha sido resuelto por la sangre de Jesús.
Yo derroto a Satanás por la sangre del Cordero y por la palabra de mi testimonio, y no amo mi vida hasta la muerte. Mi cuerpo es para el Señor, y el Señor es para mi cuerpo.

basado en 1 Corintios 6:19; Efesios 1:7;
1 Juan 1:7; Hebreos 13:12;
Romanos 6:13; 8:33-34;
Apocalipsis 12:11; 1 Corintios 6:13

Alguien pudiera preguntar: ¿ Seré sincero haciendo semejantes proclamaciones, cuando veo en mi cuerpo las evidencias de la enfermedad, o cuando siento en mi alma las oposiciones del pecado? La respuesta depende de su punto de vista. Si se está viendo a sí mismo en su condición natural, entonces no es sincero. Pero si se está viendo como Dios lo ve en Cristo, entonces tiene derecho de hacer semejante proclamación.

Una vez que nos hemos arrepentido de nuestro pecados y nos hemos comprometido con Cristo, Dios ya no nos mira como somos en nuestro estado natural. El nos mira desde la perspectiva del intercambio que tuvo lugar en la cruz. Espiritualmente, nos ve como hechos justos; físicamente, nos ve como hechos sanos.

Es significativo que las Escrituras, jamás hablan de la sanidad proporcionada mediante el sacrificio de Jesús, en tiempo futuro. En Isaías 53:5, escrito más de setecientos años antes de la muerte de Jesús, se presenta ya la sanidad como un hecho consumado:

> *Por su llaga fuimos nosotros curados.*

En el Nuevo Testamento, en 1 Pedro 2:24 (citado antes), el apóstol se refiere a Isaías 53:5, usando el tiempo pasado: *Por cuya herida fuisteis sanados.* Cuando las palabras que decimos de nosotros están en concordancia con lo que Dios dice de nosotros en Cristo, entonces abrimos el camino para que él nos haga en la práctica lo que él dice que somos. Pero si dejamos de hacer la confesión adecuada —o la proclamación— acerca de nosotros, estamos confinados a la prisión de nuestro propio estado natural. Nos hemos quedado fuera de la sobrenatural y transformadora gracia de Dios, que opera únicamente por fe.

Además nos pudieran preguntar: ¿Y si alguien dice y hace todo correctamente, pero de todos modos no aparecen los resultados prometidos ? En Deuteronomio 29:29 puede encontrar una respuesta en las palabras de Moisés:

> *Las cosas secretas pertenecen a Jehová nuestro Dios; mas las reveladas son para nosotros y para nuestros hijos para siempre, para que cumplamos todas las palabras de esta ley.*

La razón por que algunas personas no reciben cierta parte de las bendiciones prometidas, con frecuencia entra en la categoría de las "cosas secretas". Es inútil que tratemos que Dios nos revele sus secretos. También es irreverente. Si Dios retiene una respuesta, es más importante para nosotros confiar que entender.

Por otra parte, las palabras de Moisés nos recuerdan nuestra responsabilidad, como pueblo de Dios, de creer, proclamar y actuar basados en lo que él ha revelado claramente en su palabra. Predomina en éstas la provisión que Dios ha hecho para nosotros mediante el sacrificio de Jesús en la cruz. No podemos permitir que nuestra preocupación por las cosas secretas nos impida creer y obedecer las cosas reveladas.

6. **Cuando Satanás ataca una dimensión de la que Dios nos ha hecho responsables: nuestro hogar, nuestra familia, nuestros negocios, nuestro ministerio, etcétera.**

> *Hierro y bronce serán nuestros cerrojos, y como nuestros días serán nuestras fuerzas. No hay como el Dios de Jesurún, quien cabalga sobre los cielos para ayudarnos, y sobre las nubes con su grandeza. El eterno Dios es nuestro refugio, y acá abajo los brazos eternos; él echó de delante de nosotros al enemigo, y dijo: ¡Destruye!*
>
> basado en Deuteronomio 33:25-27

Esta proclama nos capacita a pasar de la defensa al ataque. Ante todo, "nuestros cerrojos" representan nuestro sistema defensivo. Dios promete que será suficientemente fuerte para resistir el ataque del enemigo. Entonces hay un cuadro maravilloso de Dios interviniendo sobrenaturalmente en favor de nosotros: "El cabalga en los cielos para ayudarnos". Nuestra proclamación es una manera de invocar su intervención.

Finalmente, hay certidumbre que el enemigo será derrotado: "El [Dios] echó de delante de ti al enemigo". Dios requiere que nosotros desempeñemos nuestro papel en esta última etapa; por lo tanto dice "¡Destruye!". El nos ha entregado las armas espirituales que necesitamos para hacer esto.

7. Cuando despertamos a la realidad de que la mente es un campo de batalla en el cual las mentiras de Satanás están en guerra con las verdades de la palabra de Dios

> *Las armas de mi milicia son poderosas en Dios. Con ellas derribo fortalezas que Satanás ha levantado en mi mente. Llevo cautivos todos mis pensamiento a la obediencia en Cristo. Tres de mis más poderosas armas son la proclamación, la acción de gracias y la alabanza.*
>
> basado en 2 Corintios 10:3-5

Es importante recordar, sin embargo, que nuestros "enemigos" en la vida cristiana no son nuestros semejantes. Nuestros enemigos son las fuerzas espirituales dirigidas contra nosotros desde el reino de Satanás. En Efesios 6:12 Pablo deja esto bien claro:

> *Porque no tenemos lucha contra sangre y carne, sino contra principados, contra potestades, contra los gobernadores de las tinieblas de este siglo, contra huestes espirituales de maldad en las regiones celestes.*

En esta extraña clase de guerra a la que Dios nos ha llamado, las normas para medir son diferentes de las que usamos en el mundo de los sentidos. Medido en la escala espiritual, *perdonar* es más fuerte que *resentir; bendecir* es más potente que *maldecir; dar gracias* es más poderoso que *quejarse; alabar* es más pujante que *acusar; y amar* es más arrollador que *odiar.*

Basados en esta paradoja, he aquí dos proclamas que desatan el poder de Dios y su capacidad cuando nuestros propios recursos fracasan.

8. Cuando me enfrento a una tarea demasiado grande para mí

Todo lo puedo en Cristo que me fortalece adentro.

basado en Filipenses 4:13

9. Cuando mi propia fuerza falla o es insuficiente

El poder de Dios se perfecciona en mis debilidades, por tanto cuando soy débil, entonces soy fuerte.

basado en 2 Corintios 12:9-10

Finalmente he aquí dos proclamas que cubren las necesidades que se manifiestan en ciertos momentos en la vida de casi todos nosotros.

10. En el ejercicio de nuestra fe por necesidades económicas

Dios es poderoso para hacer que abunde en nosotros toda gracia a fin de que, teniendo siempre en todas las cosas todo lo suficiente, abundemos para toda buena obra.

basado en 2 Corintios 9:8

El nivel de la provisión de Dios para su pueblo se revela como *abundancia,* no mera suficiencia. Ruth y yo hacemos esta proclama regularmente, como base financiera de los Ministerios Derek Prince.

11. Cuando nos asalta el miedo

Dios no me ha dado espíritu de temor, sino de poder, de amor y de dominio propio.

basado en 2 Timoteo 1:7

En el nombre de Jesús me someto a Dios y resisto el espíritu de temor. Por lo tanto tiene que huir de mí.

basado en Santiago 4:7

Las escrituras anteriores son sólo algunos ejemplos. No hay límite para el número de proclamas bíblicas que podemos hacer. Cada uno de nosotros tiene que apoyarse en el Espíritu Santo para guiarlo a las que mejor se apliquen a su situación en particular.

Escoger entre ellas y hacer la proclamación adecuada basada en la Escritura tiene un resultado muy importante. Recibimos y aplicamos la palabra de Dios de un modo *activo,* no pasivo. Ya no nos limitamos a leer una escritura y seguir adelante. En vez de eso, pasamos por tres etapas sucesivas. Primera, pedimos al Espíritu Santo que nos dirija a las escrituras especialmente apropiadas para nosotros. Segunda, la fijamos firmemente en nuestra mente. Tercera, proclamándolas, liberamos su poder en las dimensiones de nuestra vida donde las necesitamos.

Quizás usted es uno de los muchos cristianos de hoy que sienten la necesidad de "empuñar la espada del Espíritu" —a que nos referimos en el capítulo 19— pero no sabe hacerlo de una manera sencilla y práctica. Si es así, Ruth y yo le recomendamos este método de proclamas seleccionadas de las Escrituras. Lo hemos practicado en nuestra vida y podemos decirle que *¡funciona!*

¡Pero, una palabra final de advertencia! No ponga su fe en su proclamación, ni en otro método o procedimiento. *Nuestra fe tiene que estar solo en Dios* y no en nadie ni en nada más.

Nuestra proclamación es sólo una manera eficaz de expresar la fe que tenemos en Dios.

Así que ahora, cuando vuelva su rostro hacia la tierra de las bendiciones de Dios, reciba la exhortación que Josué recibió tres veces:

"Esfuérzate y sé valiente!"

Recapitulaciones importantes

Introducción

El tema de las *bendiciones* y las *maldiciones* es central en todos los tratos de Dios con el género humano. Pudiera compararse con el tronco de un árbol cuyas ramas se extienden en muchas diferentes direcciones. Un estudio sistemático plantea importantes y prácticas preguntas acerca de varios otros aspectos principales de la verdad bíblica.

Esta sección trata con dos de estas preguntas:

1. ¿Es posible en este tiempo lograr, por la fe, la liberación de todas las maldiciones que el pecado ha traído sobre la humanidad? Si no lo es, ¿cuándo —y cómo— se logrará finalmente?
2. El Antiguo Testamento contiene muchos ejemplos de siervos de Dios que pronunciaron maldiciones sobre sus enemigos. ¿Cuál debe de ser la respuesta de un cristiano cuando se nos oponen y somos maltratados?

23

Las maldiciones no revocadas todavía

En la cruz, Cristo Jesús tomó sobre sí todas las consecuencias malignas que la desobediencia a Dios había traído sobre el género humano. Estas caían dentro de dos categorías principales: las traídas sobre el hombre por su desobediencia original en el Edén; y las pronunciadas más tarde con relación a la ley dada por medio de Moisés.

En Gálatas 3:13 Pablo se refiere a esta última categoría. El declara específicamente que *Cristo nos ha redimido de la maldición de la ley.* Relaciona esto con el hecho en la ley que cualquier persona ejecutada colgando de un madero —por ese mismo hecho— se convertía en una maldición. La misma ley que pronunció la maldición, abría así el camino para la liberación de la maldición mediante el sacrificio vicario de Cristo.

En el capítulo 4 resumimos "la maldición de la ley" como sigue: humillación; aridez, esterilidad; enfermedad física y mental; desintegración de la familia; pobreza; derrota; opresión; fracaso; desfavor de Dios.

De acuerdo con la diáfana declaración de Pablo en Gálatas 3:13, la muerte de Cristo en la cruz nos ofrece liberación de todas esas consecuencias por el quebrantamiento de la ley. Sin embargo, Pablo no incluye aquí las diversas formas de la maldición original que Dios pronunció sobre Adán y Eva después de su desobediencia en el Edén. Esta maldición — anotada en Génesis 3:16-19— cae dentro de dos secciones principales, la primera dirigida a Eva, y la segunda dirigida a Adán.

La maldición pronunciada sobre Eva se relaciona con su función única como mujer y una vez más cae dentro de dos secciones:

1. El parto sería difícil y doloroso.
2. Ella estaría sujeta a la autoridad de su esposo y dependería de él para el cumplimiento de su fundamental deseo femenino de tener hijos.

La maldición pronunciada sobre Adán se relaciona primordialmente con la tarea original que Dios le asignó en Génesis 2:15, de "labrar y guardar el huerto" o sea, cultivar la tierra. Esta maldición puede dividirse en tres secciones principales:

1. La naturaleza de la tierra sufriría un cambio. De ahí en adelante, produciría su fruto únicamente con el trabajo duro, que le haría sudar.
2. La evidencia del cambio en la tierra se apreciaría en la transformación de la vegetación que produciría; específicamente en el crecimiento de dos formas infructíferas de vegetación: espinos y cardos.
3. El hombre mismo estaría sujeto a la decadencia y la muerte, condenado al final a regresar al polvo de donde había sido tomado. Aunque dirigida a Adán, esta tercera sección afectaba a Eva también, junto con todos sus descendientes.

Es claro que las maldiciones pronunciadas en aquel momento afectaron también a la misma tierra. Esto se deduce por la asociación estrecha entre Adán y su entorno, indicado por la palabra hebrea que significa tierra: *adamah.* Adán mismo fue hecho de la tierra, y también Dios lo hizo responsable por el cuidado de ella.

Además, pronunció una maldición especial sobre la serpiente, que de ahí en adelante la distinguiría de todos los otros miembros del reino animal.

En Eclesiastés 1:2 y en Romanos 8:20, se describe la condición de la tierra y sus habitantes —producida por estas maldiciones— como *vanidad.*

La redención de "la maldición de la ley", a que se refiere Pablo en Gálatas 3:13, no incluye las maldiciones descritas arriba. Estas fueron el resultado de la desobediencia original de Adán y Eva en el Edén. En aquel tiempo no había un sistema de leyes dado por Dios, y por lo tanto no podía pronunciarse una maldición por quebrantarlas.

En Romanos 5:13-14 Pablo dice:

> *Pues antes de la ley había pecado en el mundo; pero donde no hay ley, no se inculpa de pecado. No obstante, reinó la muerte desde Adán hasta Moisés, aun en los que no pecaron a la manera de la transgresión de Adán.*

Durante este período "desde Adán hasta Moisés" la humanidad estuvo sin un sistema de leyes que Dios hubiera dado. No obstante, todos los hombres sufrían los efectos de la maldición pronunciada originalmente sobre Adán y Eva, y cada persona padecía el castigo por sus propios pecados individuales, que era la muerte.

En Juan 1:17 se indica el principio del período de la ley:

> *La ley por medio de Moisés fue dada.*

Con relación a la ley que se daba, se pronunció una larga lista de maldiciones sobre quienes viviendo bajo la ley, fracasaran en guardarla. Estas son las maldiciones enumeradas en Deuteronomio 28:15-68. Colectivamente se les llama "la maldición de la ley"; cuando Pablo dice en Gálatas 3:13 que *Cristo nos redimió de la maldición de la ley*, se está refiriendo a ellas.

¿Y qué de las maldiciones pronunciadas originalmente sobre Adán y Eva? ¿Ha proporcionado Dios redención también de éstas? Y si es así, ¿sobre qué bases?

Para contestar a estas preguntas, necesitamos reconocer dos maneras diferentes en las que Jesús, cuando vino a la tierra, se identificó con quienes vino a redimir. El Nuevo Testamento describe dos aspectos diferentes de su identificación con la humanidad, indicados por las dos diferentes genealogías que de él se dan.

En Mateo su genealogía se remonta hasta Abraham. Como la prometida "simiente de Abraham", se lo identifica con los descendientes de Abraham, la nación de Israel, quienes estaban bajo la ley. En Gálatas 4:4-5 Pablo dice que Jesús *nació bajo la ley, para que redimiese a los que estaban bajo la ley.*

Sin embargo, en Lucas la genealogía de Jesús se remonta hasta Adán, y así se identifica con toda el género descendiente de Adán. Durante su vida terrenal, el título que él mismo se aplicaba, más que cualquier otro, era "el Hijo del hombre". En hebreo el nombre de "Adán" es también la palabra que significa *hombre*. Por consiguiente, "Hijo del hombre" es también "Hijo de Adán". Así, al usar este título, Jesús constantemente realzaba su identificación con todos los descendientes de Adán: todo el género humano.

A causa de esta identificación, el sacrificio vicario de Jesús en la cruz no sólo proporcionó redención de la maldición de la ley quebrantada, sino liberación de todas las consecuencias malignas que el pecado original de Adán había traído sobre todos sus descendientes; estuvieran o no bajo la ley.

Esto se pone de manifiesto por los dos diferentes títulos que Pablo da a Jesús en 1 Corintios 15. En el versículo 45 lo llama *el postrer Adán,* y en el versículo 47 *el segundo hombre*. Estos dos títulos se refieren respectivamente a la muerte y a la resurrección de Jesús.

En la cruz Jesús murió como "el postrer Adán". El tomó sobre sí todas las consecuencias malignas que la desobediencia de Adán había traído sobre el género humano. Al morir él, terminaron. Cuando lo enterraron, fueron eliminadas para siempre.

Entonces, al tercer día, Jesús se levantó de entre los muertos como "el segundo hombre". De este modo se convirtió en la cabeza de todo un nuevo género: el género Emanuel, el género del Dios hombre; un género en el cual se combinan la naturaleza de Dios y la del hombre y juntas crean una nueva criatura.

Todos aquellos que por la fe y el compromiso se identifican con Cristo Jesús en su muerte, su sepultura y su resurrección, se convierten en miembros de este nuevo género. En 1 Pedro 1:3-4 el apóstol dice de éstos:

> *Dios... nos hizo renacer para una esperanza viva, por la resurrección de Jesucristo de los muertos, para una herencia incorruptible, incontaminada e inmarcesible.*

Había, por lo tanto, dos aspectos complementarios en la redención de la maldición, proporcionados por la muerte de Jesucristo. Como "la simiente de Abraham", nacido bajo la ley, tomó sobre sí todas las maldiciones de la ley quebrantada, resumidas en Deuteronomio 28:15-68. Como "el último Adán", también tomó sobre sí las maldiciones pronunciadas sobre Adán y Eva por su acto original de desobediencia. Como hemos visto, éstas se alcanzaban también hasta la superficie de la tierra y sus plantas, manifestándose específicamente en dos formas infructíferas de vegetación: espinos y cardos.

El Nuevo Testamento se vale de imágenes muy hermosas para revelar la manera en que Jesús tomó sobre sí no solamente las maldiciones de Adán y Eva, sino también la maldición sobre la tierra. En Juan 19:5 el apóstol relata la escena en la que Pilato trajo a Jesús ante sus acusadores:

> *Y salió Jesús, llevando la corona de espinas y el manto de púrpura. Y Pilato les dijo: "¡He aquí el hombre!"*

Las palabras "el hombre" señalaban a Jesús como descendiente de Adán: único en su perfección, aunque representativo de toda el género. Al mismo tiempo, el atavío de Jesús representaba la doble maldición que Adán había traído sobre la tierra. La corona sobre su cabeza representaba la maldición de los *espinos;* el color púrpura de su manto representaba la maldición de los *cardos.*

Esta breve pero gráfica escena reveló a Jesús como "el último Adán", quien tomó sobre sí tanto la maldición que había caído sobre Adán y Eva, como la que el pecado de ellos había traído sobre la tierra.

Por consiguiente, desde todo punto de vista, la redención de la maldición proporcionada por la muerte de Jesucristo fue completa. Abarcaba todas y cada una de las maldiciones que alguna vez habían caído sobre la humanidad: la que fue pronunciada sobre Adán y Eva por su desobediencia; la que su desobediencia había traído sobre la tierra; y cubría todas las otras maldiciones subsecuentes, pronunciadas con relación a la ley de Moisés.

Estudios más avanzados de las Escrituras indican, sin embargo, que la redención total de la maldición se completará en etapas sucesivas. La redención de "la maldición de la ley" se ofrece ya en esta época para los que puedan apropiársela por la fe y se manifestará plenamente sólo al regreso de Cristo. En ese momento, también, los que sean arrebatados para recibir al Señor serán liberados finalmente y para siempre de la maldición adámica.

En Filipenses 3:20-21, Pablo describe el cambio que tendrá lugar en este momento en el cuerpo de cada creyente redimido:

Mas nuestra ciudadanía está en los cielos, de donde también esperamos al Salvador, al Señor Jesucristo; el cual transformará el cuerpo de la humillación nuestra, para que sea semejante al cuerpo de la gloria suya, por el poder con el cual puede también sujetar a sí mismo todas las cosas.

Pablo compara aquí dos clases de cuerpos: "el cuerpo de la humillación nuestra" con "el cuerpo de la gloria suya [de Cristo]". La maldición pronunciada sobre Adán lo aprisionó a él —y a sus descendientes— en "un cuerpo de humillación". Como tal, nos recuerda a cada uno constantemente nuestra condición caída.

Desde el momento del nacimiento, este cuerpo está continuamente sujeto a decadencia, dependiendo de muchos factores externos para su vida y su bienestar. Con el lujo y la autocomplacencia podemos tratar de olvidar brevemente nuestra debilidad inherente, pero al poco tiempo nos enfrentamos de nuevo con las humillantes limitaciones de nuestro cuerpo.

Podemos ataviarnos con los trajes más elegantes y costosos, pero tan pronto como tengamos alguna actividad física, el olor de nuestro sudor nos recordará que estamos prisioneros en "un cuerpo de humillación". O podemos llenarnos el estómago con los más finos víveres y bebidas. En pocas horas, sin embargo, nos veremos obligados a expeler los líquidos y exonerar el vientre... acto que no deja lugar para la pompa o la arrogancia.

Para quienes han aceptado la redención proporcionada por Cristo, todas estas características humillantes de nuestro cuerpo actual cambiarán, no gradual ni progresivamente, sino en un solo y glorioso momento. En 1 Corintios 15:51-53 Pablo describe esta transformación sobrenatural:

No todos dormiremos [en la muerte]; pero todos seremos transformados, en un momento, en un abrir y cerrar de ojos, a la final trompeta; porque se tocará la trompeta, y los muertos serán resucitados incorruptibles, y nosotros seremos transformados. Porque es necesario que esto corruptible se vista de incorrupción, y esto mortal se vista de inmortalidad.

En conjunto, en 1 Corintios 15 Pablo resume los siguientes cambios que tendrán lugar en el cuerpo de cada creyente al regreso de Cristo:

1. De corruptible a incorruptible
2. De mortal a inmortal
3. De deshonra a gloria
4. De debilidad a poder
5. De natural —literalmente, "animal [o psicogénico]"— a espiritual

Todas las cinco características negativas de la lista anterior son los efectos de la maldición original de Adán. La liberación completa de todas ellas vendrá primero a los creyentes que sean arrebatos para recibir a Cristo en su regreso. En Santiago 1:18 se los describe como *las primicias de sus criaturas.* La transformación que experimentarán servirá como garantía de la redención que en última instancia llegará a toda la creación.

En el período que seguirá para los habitantes que permanezcan en la tierra, la rectitud y la justicia del reino milenario de Cristo reducirá al mínimo, pero no abolirá, la maldición de la ley. La vida humana se extenderá enormemente, pero también la maldición adámica perdurará todavía. La tierra, también, al igual que la creación animal, experimentará un período de fecundidad y abundancia sin paralelo desde la caída; pero todavía no terminará la "vanidad". La abolición total y final de toda maldición tendrá que esperar hasta el período de los*cielos nuevos y tierra nueva* (2 Pedro 3:13).

Todo esto será el resultado del intercambio por el cual Jesucristo fue hecho maldición en la cruz a fin de cancelar toda maldición que la desobediencia del hombre trajo sobre sí mismo y sobre la creación. En Apocalipsis 22:3 se resume su consumación en una breve declaración global: *Y no habrá más maldición.*

24

¿Bendecir o maldecir?

Supongamos que la gente se nos oponga, nos ultraje, maldiga y persiga por nuestra fe en Cristo. Supongamos que difundan mentiras maliciosas acerca de nosotros y se valgan de toda clase de medios deshonestos e ilegales para hacernos daño. ¿Podemos vengarnos pronunciando alguna clase de maldición contra ellos? A esto la respuesta del Nuevo Testamento es un claro y enfático ¡NO!

En Romanos 12:9-21 Pablo relaciona varios principios que deben gobernar la conducta del cristiano. En el versículo 9 empieza con el motivo de suprema importancia:

> *El amor sea sin fingimiento.*

Todas las otras instrucciones que siguen son simplemente diferentes caminos que expresan el amor cristiano.

En el versículo 14 enseña a los cristianos cómo responder a quienes tratan de hacernos daño:

> ***Bendecid a los que os persiguen; bendecid, y no maldigáis.***

En el versículo 21 concluye con una aplicación más general del mismo principio:

No seas vencido de lo malo, sino vence con el bien el mal.

Hay un solo poder suficientemente fuerte para vencer al mal, y ese es el *bien.* Cualquiera que sea la forma de maldad que se nos enfrente, siempre tenemos que replicar con la correspondiente forma de bondad. De otra manera, encontraremos que la maldad es demasiado fuerte para nosotros.

En 1 Pedro 3:8-9, Pedro nos advierte en forma similar contra una reacción errónea a la maldad:

Finalmente, sed todos de un mismo sentir, compasivos, amándoos fraternalmente, misericordiosos, amigables; no devolviendo mal por mal, ni maldición por maldición, sino por el contrario, bendiciendo, sabiendo que fuisteis llamados para que heredaseis bendición.

Venciendo así al mal con el bien, compartimos el triunfo personal de Cristo sobre el mal, que 2 Corintios 2:14-15 describe:

Mas a Dios gracias, el cual nos lleva siempre en triunfo en Cristo Jesús, y por medio de nosotros manifiesta en todo lugar el olor de su conocimiento. Porque para Dios somos grato olor de Cristo en los que se salvan, y en los que se pierden.

Como María de Betania, quien derramó el ungüento costoso sobre la cabeza de Jesús, llenaremos todo a nuestro alrededor con un dulce perfume. Incluso quienes se nos oponen y nos critican quedan de todos modos bendecidos por la fragancia. (Ver Marcos 14:3-9.)

Esto pone de manifiesto una diferencia básica entre el Antiguo y el Nuevo Testamentos. En el Antiguo, Dios con frecuencia usaba a su pueblo como instrumento de juicio contra otros pueblos. Por ejemplo, cuando introdujo a Israel en la tierra de Canaán, Dios usó a Josué y su ejército como instrumentos de su juicio sobre los cananeos que ocupaban aquella tierra. También hay muchas otras ocasiones en el Antiguo Testamento en que los siervos de Dios pronunciaron maldiciones sobre gente que se había opuesto o desobedecido a Dios, y su efecto fue igual que si Dios mismo las hubiese pronunciado.

En Josué 6:26, por ejemplo, después que los israelitas habían capturado y destruido Jericó, Josué pronunció la siguiente maldición sobre cualquiera que reconstruyera la ciudad en el mismo lugar:

> *Maldito delante de Jehová el hombre que se levantare y reedificare esta ciudad de Jericó. Sobre su primogénito eche los cimientos de ella, y sobre su hijo menor asiente sus puertas.*

Esta maldición se cumplió cerca de quinientos años después, —según el relato de 1 Reyes 16:34— durante el reinado de Acab, rey de Israel:

> *En su tiempo [de Acab] Hiel de Bet-el reedificó a Jericó. A precio de la vida de Abiram su primogénito echó el cimiento, y a precio de la vida de Segub su hijo menor puso sus puertas, conforme a la palabra que Jehová había hablado por Josué hijo de Nun.*

Este es un vivo ejemplo de las fuerzas invisibles que obran constantemente en la historia humana, y que no obstante son omitidas con tanta frecuencia. ¿Cuántos historiadores seculares hoy, cuando describen este incidente, buscan el origen de la muerte de estos dos jóvenes en las palabras dichas por un siervo de Dios quinientos años antes?

Es importante señalar, en 1 Reyes 16:34, que el escritor específicamente dice que la maldición se cumplió *"conforme a la palabra del Señor, que él había hablado a través de Josué hijo de Nun". Josué fue el canal a través del cual vino la maldición, pero su origen era el Señor. Esto —y únicamente esto— explica su efecto.*

David fue otro siervo de Dios que pronunció maldiciones que tuvieron efecto muchas generaciones después. En el Salmo 69:22-25, y también en el Salmo 109:6-13, David profirió una larga lista de maldiciones sobre alguna persona o personas anónimas, a causa de la traición y deslealtad a un hombre bueno que había sido injustamente acusado y condenado. Cerca de mil años después, de la muerte y resurrección de Jesús, los apóstoles reconocieron que esas maldiciones de David se habían cumplido plenamente en Judas Iscariote, quien había traicionado a Jesús. (Ver Hechos 1:15-20.)

Algunos de los profetas posteriores a David profirieron maldiciones también que pusieron en efecto los juicios de Dios de varias maneras. En 2 Reyes 1:9-12, por ejemplo, Elías clamó al cielo para que bajara fuego que destruyera dos pelotones sucesivos de soldados, enviados para arrestarlo. En 2 Reyes 2:23-24, su sucesor, Eliseo, maldijo a un grupo de jóvenes que se burlaban de él, y dos osos despedazaron a 42 de ellos.

Después de eso, Dios usó a Eliseo para sanar milagrosamente de lepra al general sirio Naamán, quien a su vez ofreció a Eliseo muchos y abundantes presentes. Eliseo, no obstante, rehusó aceptarlos, demostrándole a Naamán que no había forma de que él pudiera "pagar" por la sanidad que había venido de Dios. Más tarde, el sirviente de Eliseo, Giezi, movido por su codicia, corrió tras Naamán y, con falsos pretextos, persuadió a Naamán para que le diera un regalo importante en plata y ropas (2 Reyes 5:1-27).

Cuando Giezi regresó, Eliseo —por revelación sobrenatural— lo confrontó con su codicia y su deshonestidad. Entonces pronunció el juicio de Dios sobre él:

> *Por tanto, la lepra de Naamán se te pegará a ti y a tu descendencia para siempre. Y salió de delante de él leproso, blanco como la nieve.*

El efecto de la maldición de Eliseo fue visible e instantáneo. Giezi volvió leproso en el mismo estado avanzado que Naamán acababa de ser sanado. Además, la misma enfermedad continuaría afligiendo a sus descendientes en tanto quedara uno de ellos sobre la tierra.

Hay una importante característica común a todas estas maldiciones relatadas arriba, las dijera David, Josué, Elías, o Eliseo. Cada una de ellas expresaba un juicio soberano del Dios todopoderoso. No procedían de la mente o la voluntad del hombre que las pronunció. No fueron la expresión de la mera cólera o la venganza humanas. Dios decidió soberanamente valerse de canales humanos para administrar su justicia por medio de ellos. En ningún lugar la Escritura sugiere que Dios haya renunciado jamás a su derecho de hacerlo.

En el Nuevo Testamento, sin embargo, Dios ha decidido usar a sus siervos primordialmente como instrumentos de misericordia y no de juicio. El contraste entre los dos pactos se manifiesta en un incidente en Lucas 9:51-56. Jesús envió mensajeros delante de él para preparar su llegada a una aldea samaritana por la que pensaba pasar, pero los samaritanos no quisieron recibirlo. En respuesta, Jacobo y Juan preguntaron:

> *Señor, ¿quieres que mandemos que descienda fuego del cielo, como hizo Elías, y los consuma?*

En respuesta Jesús los reprende por su actitud, diciendo:

> *Vosotros no sabéis de qué espíritu sois; porque el Hijo del Hombre no ha venido para perder las almas de los hombres, sino para salvarlas.*

Jesús no negó que Elías hubiese hecho bajar fuego del cielo para destruir a sus enemigos. Tampoco puso en duda que Jacobo y Juan pudieron haber hecho lo mismo. En vez de eso, les recordó que ellos estaban en un período en el que Dios estaba usando a sus siervos de un modo diferente. Ellos habían sido llamados para ser instrumentos de la misericordia de Dios antes que de su juicio.

No obstante, hay algunos casos en el Nuevo Testamento de maldiciones pronunciadas por siervos de Dios. Jesús mismo proporcionó uno de los ejemplos más espectaculares.

Camino a Jerusalén, sintiendo hambre, se acercó a una higuera para tomar algún fruto temprano que hubiera sido apropiado para la estación. Descubriendo que el árbol estaba lleno de hojas, pero que no había producido fruto, le dijo:

Nunca jamás coma nadie fruto de ti.

Marcos 11:14

Al día siguiente, cuando él y sus discípulos pasaron por allí, la higuera se había secado desde las raíces. Pedro comentó:

"Maestro, mira, la higuera que maldijiste se ha secado.

Marcos 11:21

Como respuesta, Jesús delegó en sus discípulos la misma autoridad que él había demostrado al maldecir la higuera:

De cierto os digo, que si tuviereis fe, y no dudareis, no sólo haréis esto de la higuera.

Mateo 21:21

En otras palabras, les dio autoridad para pronunciar maldiciones similares a la que él había pronunciado sobre la higuera.

Muchos comentaristas ven en esta higuera un tipo de la forma de religión en que había degenerado la práctica de la ley de Moisés. Estaba llena de "hojas" — es decir, las formas externas de la religión— pero no daban el verdadero fruto de la ley, que Jesús resumió como *la justicia, la misericordia y la fe* (Mateo 23:23). Como resultado, quienes buscaban sinceros en aquella forma de religión la manera de satisfacer su hambre espiritual, regresaban vacíos y desencantados. En el lapso de una generación, bajo el juicio de Dios, todo el sistema estaba destinado a "secarse desde las raíces".

Los discípulos aparentemente no vieron significado en la higuera estéril, y la hubieran pasado de largo. Fue Jesús quien actuó contra ella, y entonces comisionó a sus discípulos para que hicieran lo mismo. En generaciones sucesivas, esta lección parece haberse perdido para la mayoría de los cristianos. Es cierto que hay veces que nos encontramos con "higueras estériles" como esas —o sea, sistemas religiosos falaces que decepcionan a los que buscan hambrientos la realidad del evangelio—. ¿Pasamos de largo estas "higueras" sin preocuparnos? ¿O actuamos tan enérgicamente como lo hizo Jesús?

En Mateo 10:14-15, cuando Jesús envió a los primeros apóstoles a predicar el evangelio, les dio una autoridad similar para tratar con quienes los rechazaran a ellos y a su mensaje:

> *Y si alguno no os recibiere, ni oyere vuestras palabras, salid de aquella casa o ciudad, y sacudid el polvo de vuestros pies. De cierto os digo que en el día del juicio, será más tolerable el castigo para la tierra de Sodoma y de Gomorra, que para aquella ciudad.*

En efecto, con este acto de sacudir el polvo de sus pies, los apóstoles entregarían a quienes los rechazaran al juicio de Dios, que en última instancia sería más severo que el de los habitantes de Sodoma y Gomorra.

Los apóstoles del Nuevo Testamento tomaron esta orden de Jesús al pie de la letra. En Antioquía de Pisidia, después que Pablo y Bernabé habían ministrado por algún tiempo con gran efecto, sus adversarios finalmente los expulsaron de la ciudad. Hechos 13:51 anota la respuesta de los apóstoles:

> *Ellos entonces, sacudiendo contra ellos el polvo de sus pies, llegaron a Iconio.*

Incidentes como estos confirman un principio ya establecido en el Antiguo Testamento: Las bendiciones y las maldiciones nunca andan muy lejos unas de las otras. Cuando se ofrecen bendiciones, pero las rechazan, casi inevitablemente las maldiciones ocuparán su lugar. Cuando Israel entró en Canaán bajo la ley de Moisés, Dios exigió que invocaran sobre sí mismos las bendiciones prometidas por la obediencia, o las maldiciones que seguirían a la desobediencia. No había una tercera posición. Lo mismo se aplica a quienes se les proclama el evangelio con sus bendiciones, pero deliberada y conscientemente lo rechazan. Casi inevitablemente se exponen a las correspondientes maldiciones.

Un poco antes, en la isla de Chipre, Dios había abierto el camino para que Pablo y Bernabé llevaran el evangelio al procónsul romano,[1] Sergio Paulo. Pero un cierto mago —o sea, un practicante del ocultismo— llamado Elimas trató de impedirles que hablaran con el procónsul. En Hechos 13:9-12 aparece la respuesta de Pablo a este desafío de Satanás:

> *Entonces Saulo, que también es Pablo, lleno del Espíritu Santo, fijando en él los ojos, dijo: ¡Oh, lleno de todo engaño y de toda maldad, hijo del diablo, enemigo de toda justicia! ¿No cesarás de trastornar los caminos rectos del Señor? Ahora, pues, he aquí la mano del Señor está contra ti, y serás ciego, y no verás el sol por algún tiempo. E inmediatamente cayeron sobre él oscuridad y tinieblas; y andando alrededor, buscaba quien le condujese de la mano. Entonces el procónsul, viendo lo que había sucedido, creyó, maravillado de la doctrina del Señor.*

El efecto de las palabras de Pablo sobre Elimas fue inmediato y espectacular como la maldición de la lepra que Eliseo pronunciara sobre Giezi. El escritor de Hechos testifica que en ese momento Pablo estaba "lleno del Espíritu Santo". Por consiguiente, sus palabras no fueron el producto de su propia reacción carnal a la oposición, sino que representaban el soberano juicio de Dios sobre el mago, pronunciado por el

1 Funcionario romano de alto rango.

Espíritu Santo. El procónsul quedó tan impresionado por esta demostración de la supremacía de Jesucristo sobre Satanás, que se convirtió en creyente.

Este incidente trae a colación el planteamiento decisivo de determinar si hay o no situaciones cuando esté correcto que los cristianos pronuncien una maldición. Si el motivo es alguna reacción de nuestra naturaleza carnal, como el resentimiento o la cólera, o el deseo de venganza, o la autojustificación, o la autoglorificación, proferir una maldición en semejante situación sería un pecado. Además, hará mucho más daño a quien la profiere que a quien sea maldecido.

En Romanos 6:16 Pablo enfoca el peligro de ceder a esta clase de impulso satánico:

> *¿No sabéis que si os sometéis a alguien como esclavos para obedecerle, sois esclavos de aquél a quien obedecéis, sea del pecado para muerte, o sea de la obediencia para justicia?*

Puede ser tentador buscar la gratificación momentánea de algún impulso maligno permitiendo que una maldición pase por nuestros labios, pero al hacerlo nos ofrecemos como esclavos al autor de la tentación: Satanás. El no se contenta con influir sobre nosotros sólo momentáneamente. El usa la tentación como una apertura para entrar y tomar control permanente de nuestra vida. Nuestra debilidad de ceder temporalmente a él se convierte así en esclavitud permanente. De este modo, *el que se vale de una maldición para traer mal sobre otros, trae un mucho mayor y más perdurable mal sobre sí mismo.*

Por otra parte, el Nuevo Testamento da claros ejemplos de situaciones en que el Espíritu Santo decide soberanamente pronunciar una maldición por medio de un siervo de Dios. Si nos negamos a reconocer esta posibilidad, nos cerramos a una de las maneras en que Dios pudiera querer usarnos. Nuestra única salvaguardia es cultivar una relación con el Espíritu Santo en que seamos sensibles tanto a su impulso como a su freno. Si tenemos alguna duda acerca de la pureza de nuestros motivos o de la guía del Espíritu Santo, tenemos que permanecer en silencio.

La posibilidad de que el Espíritu Santo pueda, en ciertas circunstancias, impulsarnos a proferir una maldición fue muy real para mí en un incidente que sucedió en mi ministerio a mitad de la década de los sesenta. En aquel tiempo yo era parte del personal ministerial de una iglesia situada en el centro de la ciudad de Chicago. El edificio contiguo a la iglesia era una taberna. Esta se había convertido en el centro de varias formas de vicio, que incluían tráfico de drogas, peleas a navaja y prostitución, tanto femenina como masculina.

Una noche yo estaba en la plataforma de la iglesia, dirigiendo un culto de oración para pedir por la ciudad de Chicago. En medio de la oración, sin ninguna premeditación de mi parte, me escuché hacer una declaración en voz alta: "¡Yo pongo la maldición del Señor sobre esa taberna!" Después de aquello, la reunión continuó su curso normal. Personalmente, no volví a pensar en lo que había dicho.

Cerca de dos meses después, me despertó una llamada a las 3 a.m. para decirme que la iglesia se estaba quemando. Me vestí y corrí hacia allá, para descubrir que lo que ardía no era la iglesia, sino la taberna. Sin embargo, el viento que venía del Lago Michigan estaba empujando las llamas hacia la iglesia. Cuando ya parecía inevitable que la iglesia se quemara junto con la taberna, de súbito la dirección del viento cambió 180 grados y sopló las llamas lejos de la iglesia.

Al final, la taberna quedó completamente destruida y la iglesia sólo se tiznó de humo, daño que el seguro cubrió por completo. No se perdió ninguna vida ni hubo lesionados. Después de evaluar la escena y lo que había sucedido, el jefe de bomberos comentó con el anciano mayor de la iglesia: "¡Ustedes deben tener una relación muy especial con el Hombre de arriba!"

Mi reacción personal fue de asombro mezclado con miedo. No tenía dudas de que había presenciado el resultado de la maldición que dos meses antes yo había proferido sobre la taberna. No me pesaba lo que había hecho. Sentía que Dios había intervenido con juicio justo, templado con misericordia. Al mismo tiempo, comprendí de un nuevo modo el terrible poder que puede liberarse a través de las palabras de un siervo de Dios. Tomé la resolución de buscar a Dios para que me diera su gracia y jamás hacer mal uso de ese poder.

En menor escala, la destrucción de aquella taberna por el fuego respalda una verdad de las Escrituras que es central en todo este tema de las bendiciones y las maldiciones: *El poder de la lengua es inconmensurable; tanto para bien como para mal.* Con la lengua podemos bendecir y maldecir; podemos edificar y derrumbar; podemos herir y sanar; podemos hacer mucho bien, e igual, mucho mal.

El poder de la lengua también es aterrador, porque nosotros mismos no podemos controlarla. Nuestra experiencia nos impulsa a reconocer la verdad de Santiago 3:8 una y otra vez:

> *Pero ningún hombre puede domar la lengua.*

Por lo tanto, hay un solo curso seguro: cederle la lengua a Dios por medio del Espíritu Santo y pedirle que la controle por nosotros. Para ayudarnos a hacer esto, aquí hay dos oraciones de David que son modelos que podemos seguir:

> *Pon guarda a mi boca, oh Jehová; guarda la puerta de mis labios.*
>
> Salmo 141:3

> *Sean gratos los dichos de mi boca y la meditación de mi corazón delante de ti, oh Jehová, roca mía, y redentor mío.*
>
> Salmo 19:14

Biografía del autor

Derek Prince nació en la India, de padres británicos. Recibió su educación escolástica en griego y latín en dos de las más prestigiosas instituciones educativas de la Gran Bretaña: el Colegio Eton y la Universidad de Cambridge. De 1940 a 1949, fue profesor residente de la Facultad de Filosofía Antigua y Moderna en el King's College, Cambridge. También estudió hebreo y arameo, en la Universidad de Cambridge y en la Universidad Hebrea de Jerusalén. Además habla varios otros idiomas modernos.

En los primeros años de la Segunda Guerra Mundial, mientras servía como asistente en un hospital del ejército británico, Derek Prince tuvo un encuentro con Jesucristo que cambió su vida, con respecto a lo cual él escribe:

> De este encuentro, saqué dos conclusiones que nunca he tenido razones para cambiar: primera, Jesucristo está vivo; segunda, la Biblia es un libro verdadero, pertinente y muy actual. Estas dos conclusiones alteraron radical y permanentemente el curso de mi vida.

Al terminar la Segunda Guerra Mundial, permaneció en Jerusalén donde el ejército británico lo había situado. El matrimonio con su primera esposa, Lydia, lo convirtió en padre de ocho hijas adoptivas del hogar para niños de Lydia.

Juntos, la familia vio el renacimiento del Estado de Israel en 1948. Mientras servían como educadores en Kenya, Derek y Lydia adoptaron su novena hija, una bebita africana. Lydia murió en 1975, y Derek Prince se casó con su actual esposa, Ruth, en 1978. El enfoque no denominacional ni sectario de Derek Prince ha abierto las puertas para sus enseñanzas a personas de muy diferentes antecedentes raciales y religiosos, y es reconocido internacionalmente como uno de los principales expositores contemporáneos de la Biblia. Sus transmisiones radiales diarias "Llaves para vivir con éxito" llegan a más de la mitad del planeta e incluyen traducciones en cinco dialectos chinos (mandarín, amoy, cantonés, shangaisés y swatow), español y ruso. Ha publicado más de treinta libros, que han sido traducidos en más de cincuenta idiomas extranjeros.

El programa de Extensión Global de los Ministerios de Derek Prince, envía sus libros y casetes de audio libres de cargo a cientos de líderes cristianos en el Tercer Mundo y tras la antigua Cortina de Hierro. Aunque pasa de los 75 años, todavía viaja por el mundo, impartiendo la verdad revelada de Dios, orando por los enfermos y los afligidos, y compartiendo su revelación profética de los sucesos mundiales a la luz de las Escrituras.

La base internacional de los Ministerios de Derek Prince está situada en Fort Lauderdale, Florida, con oficinas sucursales en Australia, Canadá, Hong Kong, Nueva Zelandia, Singapur, Suráfrica, el Reino Unido y Alemania.